거제의 부활

거제의 부활

경제 부활·관광 부활·공동체 부활

문상모 지음

모아북스
MOABOOKS

참 좋은 사람을 떠올리며

김상출 고교시절 교사

저는 30여 년 전에 서른두 살의 늦깎이로 국어교사로서 첫발을 디딥니다. 그 학교가 문 의원의 모교입니다. 첫 발령을받아 근무한 학교는 여러모로 평생에 잊히지 않는 추억이 많은 법입니다. 그 추억 중에 제자에 관련된 것이라면, 단연코문상모 의원이 첫째입니다.

우선 첫인상이 참 좋았습니다. 훤칠한 외모도 돋보였지요.그런데 지내볼수록 외모보다는 인간적인 내면이 훨씬 더 훌륭한 학생임을 알게 되었습니다.우선 영혼이 참 맑았습니다.순수하고 착했다는 말입니다. 다른 학생들보다 한두 살 더 많은 그가 그때까지 살아낸 과정을 알고 나니 더욱 대단하게 보였습니다.

어려운 환경에서도 물들거나 비뚤어지지 않고 맑은 심성을가진다는 것은 참으로 어렵기 때문입니다.그래서인지 그는 또래의 다른 학생들보다 늘 어른스러웠습니다. 동료나 선후배들에게 신망이 두터웠으며, 생각과 언행이 늘 듬직했습니다.

다음으로 그는 정말 성실했습니다. 그래서 이듬해 학교 도서관의 관리를 온통 그에게 맡겼습니다. 그는 저를 한 번도 실망시키지 않고 멋지게 그 일들을 해내었습니다. 그가 운동 경기에서 좋은 성적을 낸 것도, 3학년에 올라가서는 그동안 등한시했던 학업에서도 최고의 성적을 낸 것도 이 성실함이 바탕이 되었을 것입니다.

　세 번째로 그는 인연을 소중히 여기고 배려심이 깊은 사람입니다. 그는 졸업하고 나서도 한 해도 거르지 않고 제게 인사를 해왔습니다. 사는 곳이 멀어 직접 오지는 못하더라도 때때로 꼭 안부를 묻고 인사를 거르지 않았습니다. 그러던 그가 어느 날 서울에서 시의원이 되었다는 기쁜 소식을 알려왔습니다. 그가 가진 맑은 영혼과 성실함 그리고 인연을 소중하게 여기는 배려심이 그를 그 자리로 끌어올렸을 것이라고 믿습니다. 이제 문상모 의원이 고향으로 내려와, 고향을 위해 큰일을 해보겠다는 결심을 한 모양입니다. 문 의원이라면 충분히 해낼 수 있는 능력과 바탕이 있다고 믿습니다. 그가 가진 인품과 그간에 우리에게 보여준 모든 면들을 보면 뚜렷하게 알 수 있을 것입니다. 이미 서울 시민들이 먼저 증명해준 일이니까요.제가 늘 자랑스럽게 생각하는 문상모 의원의 앞날에 언제나 큰 축복이 있기를 빕니다.

거제 부활의 전략이 담긴 책

박원순 서울특별시장

《거제의 부활》은 문상모 의원의 삶은 물론 대한민국 현대정치사의 면면이 담긴 귀한 책입니다. 문상모 의원이 청춘의 어려운 날들을 극복하고 서울시의회 의원으로 활동하기까지의 여정이 한 편의 소설처럼 생생하게 그리고 있습니다. 문 의원은 13년간 중앙당 사무처에서 활약하며 노무현 대통령 당선에 기여하는 등 '민주당 정치인'으로 성장했습니다. 그리고 2010년 지방선거에서 숱한 악조건을 극복하고 서울시의회 의원으로 당선되어 대한민국 수도의 초선 의원으로서 문화체육관광위원회에서 활약한 문 의원은 재선의 제9대 의회에서는 민주당 수석부대표로 서울시의회를 이끌었습니다. 지난 8년의 의정활동은 물론, 그 이전의 치열한 인생에서 축적된 경험을 바탕으로 풀어낸 고향 거제에 대한 새로운 비전이 이 책에 담겨 있습니다. 문 의원의 고향인 거제는 지금 산업 환경의 급변을 맞아 새로운 도전에 직면해 있습니다.

도전에 대한 응전의 전략이 담겨 있는 이 책이 널리 읽혀서 거제의 난제를 풀어나가는 길잡이가 되기를 바랍니다.

거제의 꿈과 거인의 길

주철환 서울문화재단 대표이사

그를 처음 본 것은 2016년 가을 서울시의회에서였습니다. 방송사에서 PD로 일하고 학교에서 학생들을 가르치던 저에게 시의회라는 공간은 매우 어렵고 낯설었습니다. 하지만 유난히 큰 키에 단정한 매너, 활기 넘치는 표정과 서글서글한 웃음은 처음 그런 자리에 가본 저를 적잖이 안도하게 만들어 주었습니다. 문 의원이 서울시 기관장들에게 질문하는 내용과 태도를 보면서 제가 느낀 것은 '이런 의원도 있구나' 였습니다. 그는 한마디로 겁을 주는 사람이 아니라 희망을 주는 사람이었습니다. 압력을 가하는 사람이 아니라 협력을 구하는 사람이었습니다. 이기려고 하는 사람이 아니라 이루려고 하는 사람이었습니다.

현재라는 거울 속에 비친 그의 발자취는 어떨까요? 일 년간 멸치잡이생활을 마친 후에야 거제수산고등학교에 진학할 만큼 그는 가난했습니다. 하지만 스스로를 '흙수저' 아니 '무수저' 로 인정하면서도 그는 분노와 원망에 사로잡히지 않았습니다. 오로지 미래를 바라보며 끝없이 정진해왔기에 그는 지금 선망의 대상이 아니라 희망의 증거가 된 것입니다. 수저가 없다고 한탄하기보다 오히려 '내가 꿈을 이루면 나는 다시 누군가의 꿈이 된다'는 믿음을 실천한 그에게 저는 강한 인간적 매력을 느꼈습니다.

우리를 지속가능한 우애로 맺어준 또 하나의 접점은 바로 교육철학의 일치였습니다. 오늘날의 교육현실에 대해 문 의원이 스스로 밝힌 문제의식은 다음과 같습니다. 일과 휴식도 균형이 잡혀야 건강한 삶을 영위할 수 있듯이 공부와 운동도 균형이 잡혀야 건강한 성장을 이룰 수 있다. 함께 가는 세상, 더불어 사는 세상을 배우는 교육은 삶의 영토를 확장하고 비옥하게 하지만 오늘날의 나만 잘 되면 그만이라는 차별화?서열화의 일등주의 교육은 영토를 마련하기는커녕 기왕에 있는 영토마저 허물고 피폐화한다.

이제 거위의 꿈은 거제의 꿈으로 옮겨가고 있습니다. 고단하고 파란만장한 청춘의 시기를 그가 이길 수 있었던 건 "안주(安住)는 곧 죽음이요, 용기(勇氣)는 욕망을 자제하는 힘"이라는 문구를 삶의 지렛대로 삼았기 때문입니다. 호주머니에 달랑 3만 원 들고 고향 거제를 떠나 서울역에 내린 스물다섯 청년은 서서히 거목이 되어가고 있습니다. 행복을 구축하는 '인간 철교'의 거침없는 소신행보에 응원의 박수를 보냅니다.

도전을 멈추지 않는 열정의 정치인

안민석 국회의원

4년 전, 제가 최순실의 국정 농단을 최초로 세상에 알렸을 때, 아무도 제 말을 믿어주지 않았을뿐더러 황당하다는 반응을 보이기까지 했지만 문상모 의원만은 달랐습니다. 그는 뛰어난 감각으로 제 말을 신뢰했으며, 국정 농단을 추적하는 힘든 순간마다 늘 제 곁에서 힘이 되어주었습니다. 문상모. 그는 대통령을 모신 경험과 오랜 당직자 경험 그리고 서울시 의원 재선을 하면서 쌓은 폭넓은 인맥은 수도권 내리 4선 국회의원인 저보다 더 풍부합니다. 문상모. 그의 열정어린 아름다운 도전은 현재진행형입니다. 어린 시절의 험한 파도를 끈기와 용기로 대담하게 헤치고 달렸습니다. 그는 항상 가시밭길을 마다않고 자신이 필요한 곳이면 헌신하는 창조적 개척자였습니다. 저는 그의 삶과 정치 역정을 솔직하게 담아낸 이 책을 보면서, 그 바쁜 와중에 언제 이렇게 까지 거제시장으로서의 비전을 준비해왔을까, 놀랄 따름입니다.

문상모 의원이 도전을 멈추지 않는 영원한 청년 정치인으로 모든 사람들에게 기억되기를 바랍니다.

상모야, 거제 살자

춘래불사춘春來不似春! 다들 봄이 왔다고 하지만 저는 도무지 봄이 온 것 같지 않아 아직 한겨울 바람찬 들판에 서 있는 듯 가슴이 시립니다.

저는 입춘 무렵에도, 그 뒤 봄이 성큼 다가온 때에도 무시로 거제에 다녀왔지만 고향사람들 앞에서 차마 "봄이 왔다"는 말을 입에 담지 못했습니다. 우리 거제는 나라에서 가장 따듯한 곳이어서 봄이 맨 먼저 옵니다. 그 봄도 가장 눈부시게 와서 찬란하게 피어나지만, 사람들 마음에는 어연 10년이 넘도록 해마다 봄은 아니 오고 시베리아 찬바람만 몰아쳐 왔습니다.

그리고 거제에 부는 바람은 더욱 황량해졌습니다. 그때부터였던가요. 고향 소식에 가슴 졸이고 염려하다가 제 마음도 그만 고향에 붙들리고 말았습니다. 그래서 거제가 울면 저도 눈물이 나고, 거제가 신음하면 저도 가슴이 아렸습니다.

저는 거제에서 태어나 자라고, 그 안에서 꿈을 키우기도 하고 좌절하기도 하면서 25년을 살았습니다. 모질고 궁핍한 시절을 건너느라 눈물 젖은 빵을 삼켜야 했지만 행복한 추억도 갈

12

피갈피 숨겨두었습니다.

살았던 세월도 25년이고, 떠나 있던 시간도 25년입니다. 그 세월을 건너 제가 다시 거제사람으로 살려는 뜻은 사실 제가 정한 것은 아닙니다. 10년이 넘도록 봄을 맞지 못하고 있는, 얼어붙은 거제의 현실이 저를 움직여 운명처럼 귀향을 명령한 것입니다. 저는 지난 가을부터 거의 매 주말마다 고향으로 내려와 구석구석을 다니면서 고향사람들을 만나 마음을 나누고 25년간 제가 떠나 있던 세월의 얘기에 귀를 기울였습니다. 마을회관에도 가고, 조선소에도 가고, 선창에도 가고, 선술집에서 동문들도 만나고… 어디든 가리지 않고 다니면서 가슴 아픈 현실들을 실감했습니다.

그러는 가운데 고향에서 평소 존경하던 형님 친구 분들을 만났습니다. 소주잔과 더불어 밀린 얘기를 나누다보니, 얼큰해져 와자지껄했습니다. 그런데 문득 한 선배님이 좌중을 조용히 시키더니 "상모야!" 부르고는 저를 물끄러미 바라보았습니다.

"형님, 와 그러십니까?" "상모야, 거제 살자." "예? 뭐라꼬요?" "거제 좀 살자고! 니가 마 인자 거제 좀 살려다오." 저는 순간 가슴이 더워지고 올 것이 왔다는 직감과 함께 그 한마디가 고통에 처한 거제시민의 명령으로 들렸습니다.

거제의 봄을 꿈꾸며, 문상모

14

PART 1

나는
왜
거제로 가려 하는가

거제는 위기에 빠져 있다.

그 위기를 극복하기 위해서는 대통령과 정부,

여당의 관심과 힘을 이끌어 낼 수 있는

능력자가 필요하다.

그 대안이 나보다 더 나은 사람이 있다면

마땅히 그가 답일 것이다.

그러나 거제의 정치현실은 그러하지 못하다.

그동안 거제의 현실에 대한 대안을 찾지못한 이들이

너나없이 정치를 하겠다고 하니

헛웃음만 나온다.

파괴적 창조가 필요하다.

그러한 경험과 뚝심을 지닌 사람이 적임자다.

지난 20년간 중앙정치에 몸 담아 온 이래

그런 능력을 키워왔고 다행히도 그런 능력을

발휘할 수 있는 최적의 환경을 맞았다.

거제는 양대 조선소 위기로 상징되는 이 큰 위기만

잘 넘기면 성숙한 문화도시,

활기찬 행복도시로 거듭나게 될 것이다.

그럴수만 있다면 나는기꺼이 그 길로 가는

디딤돌이 될 것이며, 그런 에너지를 분출하는

불길의 불쏘시개가 될 것이다.

25년 만의 귀향

●

●

그해 5월 16일, 봄꽃들은 거진 다 지고 신록이 짙어가고 있었다. 선창의 바람은 벌써 후끈했다. 선창 앞으로 펼쳐진 바다는 햇살을 받아 눈부시게 일렁였다. 거제만 오수선창 앞바다는 뒤로는 산방산, 계룡산, 북병산, 선자산, 노자산 들이 병풍처럼 빙 둘러서 있고 앞으로는 한산도가 파도를 막아주고 있어 배들의 아늑한 거처였다.

사립문처럼 거제만 들머리에 가로누운 한산도는 한산대첩의 함성과 충무공의 숨결이 서려 있기도 하려니와 그 수려한 풍광으로 한려해상국립공원의 중심이다. 그 너머로 한려수도가 펼쳐지는 쪽빛 바다는 아스라했다.

해안으로는 길게 선창둑길이 이어져 있다. 내가 날마다 바닷바람을 안고 달리던 길이다. 육상선수로 뛸 수 있었던 것도 다 이 길 덕분이다. 어제 저녁에는 큰형과 함께 이 길을 걸었다. 둘 다 말이 없었다. 큰형은 말 대신 내 어깨를 다독여주었다.

둑 안쪽 갈대밭에는 이른 아침부터 청둥오리들이 가득했다. 두어 달 전에 부화한 새끼들이 아직 여린 날개를 퍼덕이며 날아오르는 시늉을 했다. 내가 꼭 저 새끼오리들 같다는 생각이 들었다.

군 생활을 마치고 고향으로 돌아온 나는 전역의 여유를 즐길 틈도 없이 겨우 이틀 밤을 자고 짐을 꾸려 이른 아침에 집을 나선 터였다. 한 끼 밥이 새로운 집안 형편이어서 얼마간이나마 놀고먹을 그런 여유는 진즉에 사치라 여겨 마음에 두지 않았다. 서울역으로 마중을 나와 챙겨줄 친구가 있다지만 어디 일자리를 봐둔 것도 아니고, 수중엔 거의 무일푼이었으니 '무작정 상경'이나 마찬가지였다.

꼭 성공해서 돌아오겠다며 생면부지의 그 낯선 도시로 떠나는 나를 세워놓고 큰형님은 "상모야, 성급하게 뭘 이루겠다는 생각을 하지 말고 아직은 준비하는 것이라고 생각해야 한다."라고 당부하셨다.

나는 그땐 그 당부가 무슨 말인지 잘 몰랐지만 나를 떠나보내며 걱정스러운 모습이 역력한 큰형의 뒷모습을 보자니 꼭 성공하겠다는 다짐과 함께 왠지 눈물이 났다. 호주머니에 달랑 3만 원을 들고 고향 거제를 떠나던 그때가 내 나이 스물다섯 된 1992년이었다.

25년 만의 귀향

  그로부터 25년이 지난 2017년 12월 15일, 아내와 함께 거제로 향했다. 고향으로 가는 길은 떠나올 때보다 갑절은 가까워졌다. 길은 반듯하게 새로 나고, 차도 그만큼 빨라진 덕분도 있지만 든든한 우군인 아내가 함께하기 때문이다.

  그전에도 거제엔 자주 가는 편이었지만 이날은 어느 때보다 특별했다. 25년간의 서울 살이를 밑천삼아 다시 거제사람이 되기로 작정하고 나선 첫 발걸음이기 때문이다.

• 거제의 부활

공공의 선을 향한 열정

문득 찾아온 길이었다. 어쩌면 신이 미리 알고 정한, 예정된 운명인지도 모르겠다.

지난 9월까지만 해도 나는 고향의 정치는 고향사람들 몫이라고만 여겼다. 그 대신, 언제나 그래왔듯이 서울에서 도울 일이 있으면 도우면 될 일이라고 생각했다. 그런데 지난해 여름부터 일부지도층에 대한 거제시민들의 분노가 들끓고 정치혁신을 바라는 시민들의 열망이 더욱 뜨거워지고 있다는 소식에 나의 안타까움과 고민은 더욱 깊어졌다.

그때 나는 "거제사람이 되어 달라"는 여러 요로의 청을 받고서는 그 문제로 고민하기 시작했던 터였다. 만류하는 사람도 적잖았고, 특히나 집안에서는 걱정이 컸다. 서울 한 지역의 재선 시의원으로서 이제 정치적으로 탄탄대로를 걷게 되었는데 굳이 위험을 떠안으며 사서 고생할 필요가 있느냐는 것이 만류하거나 걱정하는 이유였다.

그럼에도 지역을 걱정하는 많은 사람들이나 중앙의 많은 선후배들은 달랐다. 그 어느 때보다도 거제의 운명과 결단이 요구되는 중요한 시기라는 것이다. "거제도는 대통령의 고향이고, 문 의원의 고향이다. 역대 어느 선거보다 중요할 뿐더러 거제의 운명이 걸린 선거이므로 반드시 승리해야 한다"는 메시지였다.

나는 그 뒤로 틈만 나면 거제의 현실을 면밀히 들여다보는 한편 거제로 내려가 현지의 이야기를 경청했다. 여러 분야의 전문가들을 만나 의견을 듣고 진지하게 토론했다. 양대 조선사(대우조선해양, 삼성중공업)를 잘 아는 사람들을 만나 돌아가는 사정을 살피고, 그곳 근로자들을 만나 현장의 목소리를 들었다.

줄곧 거제에만 살아온 토박이 지인들을 만나, 내가 거제를 떠나 있던 25년간의 묵은 이야기를 밤새가며 들었다. 때로는 시장을 돌다 빈대떡에 막걸리를 나누며, 때로는 선술집에서 소주를 나누며 바닥민심을 경청했다. 힘겨운 이야기를 듣노라면 눈시울이 붉어지기도 했다. 내게 이야기를 들려주는 사람들은 간절했고, 그들이 들려주는 이야기도 간절했다. 그러니 나도 차츰 간절해졌다.

사실, 십 수 년 전인 2004년경에 거제사람(거제시장)이 될 요량으로 일 년여동안 공부를 하며 궁리를 했던 터였다. 그러던 중에 나는 리더로서 전혀 준비가 되어 있지 않다는 사실을 깨달았다. 의욕만 들끓었지 시정市政을 이끌어갈 경륜도 턱없이 부족했고 정치인으로서 소명의식이나 뚜렷한 철학도 부족했던 것 같다. 그래서 나는 나 자신의 내면에 충실하면서 역량을 높이는데 더욱 힘을 쏟기로 했다. 그렇게 절치부심한 끝에 나는 2010년 서울특별시의회 광역의원(노원 제2선거구)에 당선되어 정치인으로서의 소신과 철학을 비로소 현실정치에서 펼칠 수 있게 되었다. 그것은 중앙당(민주당) 사무처의 당직자로 보낸 10여 년과는 사뭇 다른 경험으로, 몇 배나 더 치열한 사고와 공부 그리고 성찰을 필요로 했다. 게다가 나는 초선 의원이 된 동시에 학업(서울과학기술대학 야간인문사회학부 행정학)을 병행하는 초인적인 일정을 끝내 지켜내면서 지적으로나 인격적으로 한층 성장하고 성숙해졌다.

2014년 지방선거에서 비교적 여유롭게 재선 문턱을 넘은 나는 당과 의회에서 주요 직책을 맡았다. 공공의 살림살이를 어떻게 꾸려갈지, 이해당사자들이 서로 얽혀 꼬인 문제들을 어떻게 풀어갈지, 동료 의원들 또는 각 위원회들 사이에 엇갈린 의견을 어떻게 조정하여 균형점을 찾아갈지 하는 것들에 비로소 눈떠가기 시작했다.

그러나 이 모든 것들의 과정에서 나는 양보할 수 없는 한 가지만은 꼭 지키고자 최선을 다했다. 공공에 관한 모든 사안은 반드시 공공의 이익을 최우선하여 논의하고 결정할 것, 그러니까 공공의 선을 구현하는 일이었다. 다시 말해, 모든 일은 정의에 기초하여 세우고 실행해야 한다는 것이었다. 물론 그런 과정에서 적도 생기고 심지어는 너만 잘났느냐는 핀잔도 들었지만 개의치 않았다. 나는 시민이 아닌 다른 누구를 위해, 또는 나 편하자고 좋은 게 좋다는 식의 정치를 할 생각은 한순간도 갖지 않았다.

2017년 1월 10일,
문재인 상임고문 초청
더불어민주당 서울시의원
간담회를 마치고

내 생각에 정치인은 국민의 신뢰를 잃으면 그것으로 끝장이다. 그 신뢰를 기반으로 일을 하는 정치인이 국민을 위해, 정의를 위해 일하지 않으면 누구를 위해, 무엇을 위해 일한단

• 거제의 부활

말인가. 예나 지금이나 입으로 하는 말과는 반대로 국민을 외면하는 정치인들이 높은 자리를 차지하여 행세하고 있으니 통탄할 노릇이다. 작금의 대통령 탄핵 사태도 다 국민의 신뢰를 저버려서 생긴 불행이 아니던가. 준엄한 촛불의 심판으로 정권이 바뀌어 사회가 제자리를 찾아가고 있다지만 아직도 '적폐' 라 여겨지는 그런 사람들이 곳곳에서 '지도자' 로 군림하고 있으니 아직 갈 길이 멀어 보인다.

공자도 일찍이 정치의 제일 요체로 신뢰를 꼽으며 무신불립 無信不立을 말했다. 백성이 신뢰하지 않으면 나라고 뭐고 설 수 없다는 얘기다. 공자의 제자들 가운데 정치·외교적 역량이 가장 출중해 위나라의 재상까지 지낸 자공子貢과의 대화나. 《논어》〈안연顏淵〉편에 나온다.

> "정치란 무엇입니까?"
> "식량을 풍족히 하고, 군대를 충실히 하고, 백성이 믿도록 하는 것이다."
> "부득이 하나를 버려야 한다면 셋 가운데 무엇을 먼저 버려야 합니까?"
> "군대를 버려야지."
> "만부득이 또 하나를 버려야 한다면 둘 가운데 무엇을 먼저 버려야 합니까?"
> "식량을 버려야지. 예로부터 사람은 누구나 죽게 마련이지만, 백성이 믿지 않는다면 나라는 설 수 없게 되느니."

거제 살림을 어떻게 살 것인가

●

●

　이런 나의 25년 서울살이를 바탕으로 틈나는 대로 거제를 오가며 고심끝에 거제사람이 되어 고향 거제에 봉사하자는 결심이 섰다. 그 과정에서 해답을 찾기 위해 가장 고심한 부분은 바로 "거제 살림을 어떻게 살 것인가?" 하는 것이었다.

　사실 거제시의 살림은 1970년대 중반 삼성중공업 거제조선소, 1980년대 초반 대우조선해양 옥포조선소가 완공된 이후 양대 조선소에 대한 의존도가 심화되어 1980년대 중반 이후로는 거제시 전체가 양대 조선소 때문에 먹고 산다고 해도 과언이 아니게 되었다.이렇게 된 배경에는 조선업의 초호황을 가져온 중국 경제의 비약적인 발전이 있다. 중국 경제는 20~30년간 그야말로 현기증이 일 정도로 급속한 양적 팽창을 이룬 것인데, 이 기간 동안 해운업과 더불어 조선업도 유례없는 호황을 구가하게 되었다.

　1978년 12월 18일, 중국공산당 제11기 중앙위원회 제3차 전체회의에서 개혁개방을 선포한 덩샤오핑은 1979년 미국을 방문하고 돌아온 뒤 흑묘백묘론黑猫白猫論을 주창했다. 검은 고양이든 흰 고양이든 쥐만 잘 잡으면 좋은 것처럼 자본주의든 공산주의든 인민을 잘살게 할 수만 있다면 상관없다는 것이다. 그것으로 중국의 일대 개혁개방이 본격화되고, 이후 덩샤오핑이 "20세기가 끝나기 전에 중국의 일인당국민소득을 4배로 끌어 올리겠다"고 선언하자 다들 희망을 주기 위한 상징적 구호나 과장된 정치적 수사로만 여겼다. 그러나 중국은 5년이나 앞당겨 1995년에 그 농담 같은 목표를 달성했다. 이후로도 중국의 경제성장률은 2011년까지 대개 연평균 9퍼센트를 웃도는 광폭 행부를 보였다. 이런 기세는 7.7퍼센트를 기록한 2012년부터 크게 꺾이기 시작해 지금은 6퍼센트대로 내려와 차츰 하향세를 그려가고 있는바, 그에 따른 세계 경제의 충격파는 클 수밖에 없었다.

게다가 2008년 베이징 올림픽을 앞두고 중국의 수출 물량이 급증하여 해운 물류가 더욱 호황을 이루자 그런 호황이 당분간 지속될 것으로 믿고 선박 건조 발주도 급증했다. 그러나 2008년 말 곧 이어 터진 미국 발 금융위기(서브프라임 모기지론 붕괴로 인한 리먼 브라더스의 파산)가 세계 경제를 강타하자 해운 물동량이 급감하면서 해운업과 함께 조선업도 치명상을 입게 되었다. 이의 여파로 국내 최대 규모(세계 7위)의 한진해운이 몰락하는 등 해운업이 침체의 늪에 빠지고 선박 발주가 경색되면서 양대 조선사로 지탱되어온 거제의 경제는 그야말로 직격탄을 맞은 셈이었다. 거제의 양대 조선사는 그로부터 5년은 선수주한 물량으로 겨우 버텼다. 이후로는 조선업 합리화 조치에 따른 해양 플랜트 부문의 비즈니스 확대로 공백을 일부나마 메울 수 있게 된 것만 해도 다행이었다. 이렇게 되자 양대 조선사의 매출은 호황을 누릴 때의 70퍼센트 이하로 떨어지고 상당한 인력 감축이 불가피해졌다. 해양 플랜트 건설 부문은 선박 건조 부문보다 인력 수요가 크게 낮은데다가 선박 부문도 갈수록 건조공정의 자동화 비율이 높아졌기 때문이다.

이런 상태로 가면 양대 조선사의 매출은 물론 수익성은 더욱 떨어질 것이고, 그에 따라 추가 인력 감축도 피할 수 없게 될 것이다. 이는 거제시 살림의 발등에 떨어진 불로, 그에 따른 공백을 메울 대안 마련이 녹록치 않다는 데 문제의 심각성이 있다. 오랫동안 양대 조선사라는 꿀통 안에만 안주해온 탓에 다른 대안적 살림 기반을 제대로 준비하지 않다가 벼락을 맞은 격이기 때문이다. 엎친 데 덮친 격으로 이런 외환 중에 거제 시정의 속을 들여다보니 문제점이 많아보였다.

공공영역의 복원, 정의로운 시정

●

●

지난 2014년 6월 지방선거에서 거제 시정은 행정과 의회 모두 (물론 그전에도 쭉 그래왔지만) 새누리당(현 자유한국당) 사람들이 장악한 나머지 아무런 견제 세력 없이 짬짜미가 되어 시를 망쳐가고 있다며, 그 속을 아는 사람들은 혀를 찼다. 시정에서 정작 시민은 뒷전으로 밀려나는 가운데 개발사업자들이 판을 치는 아수라장이라고, 뜻 있는 사람들은 다 개탄해 마지않았다.

견제 없는 권력은 썩게 마련이다. 이는 비단 거제만의 문제는 아니다. 개발업자들과 좋은 게 좋다는 식으로 결탁된 부패 사슬은 일당 독재체제가 지속되어온 많은 지자체에 만연해 있는 고질적인 병폐다.

부산일보(2017년 12월 26일자)는 그런 병폐의 단면을 다음과 같이 전한다.

조폭 스캔들과 음주운전 등 잇단 사건 사고로 물의를 빚은 경남 거제시의회가 끝내 시민과의 마지막 약속마저 저버렸다. 비위 연루 의원 '징계' 를 공언하며 윤리특별위원회 구성을 약속했지만 허언으로 끝났다.

거제시의회 반대식 의장은 지난달 사과문을 발표했다. 전·현직 시의회 부의장이 '거제시장 정적 제거 조폭 사주설' 에 직간접으로 관여한 게 드러나고 현역 의원 2명이 음주운전과 무면허 운전을 하다 경찰에 입건된 후 내놓은 조치였다. 반 의장은 당시 윤리특위 구성을 약속했다. 들끓는 비난을 막으려는 사과문이었지만 지역사회의 반응은 썩 호의적이지는 않았다. 무엇보다 진정성이 부족했다. 너무 늦은 사과라는 지적도 많았다. "시장 사주설 제기 후 두 달 넘게 침묵하다 겨우 사과문 몇 줄 내고 끝이냐", "시민 앞에 고개를 숙이려면 최소한 기자회견을 갖고 재발 방지를 공식적으로 밝혀야 한다" 는 주문이 잇따랐다.

윤리특위의 실효성 또한 논란이었다. 윤리특위 관련 규칙을 보면 징계 요구는 사유가 발생한 날이거나 징계 대상자가 있는 걸 알게 된 날로부터 5일 이내에 해야 한다. 따라서 이미 시간이 한참 흐른 탓에 정작 윤리특위가 구성돼도 물의를 빚은 의원을 징계하기는 사실상 불가능하다. 의장 명의 사과문이 이례적이고 상징적인 의미가 있더라도 실현성이 떨어지니 질타가 적잖았다. 그나마 윤리특위 구성이 재발 방지 의지 표명이란 점에서 뜻 깊었다.

그러나 거제시의회는 그 위안마저도 여지없이 무너뜨렸다. 지난 21일 제4차 본회의서 윤리특위 위원 선임의 건을 처리하겠다던 거제시의회는 올해 마지막 정례회에서 안건을 상정조차 못 한 채 폐회했다. 사실 반 의장은 사과문 발표 직후부터 의원 간담회를 통해 특위 구성을 추진했다. 결과는 계속 공회전이었다. 현역 의원 6명이 위원으로 나서야 하는데 선뜻 맡겠다는 의원이 없었기 때문이다. 전체 의원 16명 중 절반인 8명이 크고 작은 구설에 오른 상황에서 동료 의원 징계가 부담됐다는 후문이다. 결국 윤리특위 구성은 '제 식구 감싸기'로 물 건너갔다.

줄 이은 사건 사고에 '꼼수 외유' 논란까지 유난히 탈 많았던 거제시의회. 윤리특위 구성은 이런 제7대 의회가 유종의 미를 거둘 마지막 기회였는지 모른다. 차기 지방선거가 6개월 남짓으로 다가왔다. 표를 쥔 유권자가 심판할 수밖에 없다. 신의를 저버린 이들에게 어떤 처분을 내릴지.

이처럼 견제 세력 없는 권력은 혼탁하기 마련이다. 때문에 시민들은 정치에 대한 불신이 팽배해지고 이로 인해 공적 시스템이 붕괴되고 사적영역이 공공영역을 침범하여 시정의 대의가 사적인 이해관계에 함몰되어 버린다. 그렇잖아도 벼랑으로 내몰린 거제 경제에 암울한 그림자가 나타날 수밖에 없다.

고삐 풀린 탐욕이 기승을 부리면 공공영역이 무너진다. 한번 무너진 공공영역은 좀처럼 회복하기가 어렵다. 이미 2천여 년 전에 맹자는 혜왕이 "어떻게 하면 나라를 부강하게 할 수 있겠습니까" 하고 묻는 말에 "하필이면 이익부터 들먹이시오. 오로지 인의가 있을 따름何必曰利, 仁義而已矣"이라고 일갈했다. 지도자의 관심이 이익 추구에만 빠져 있으면 그 공동체(공공영역)는 위험에 빠지고 말 것이라는 충고다.

"임금이 사적 이익을 좇으면 그 아래 대부들 역시 제 집안의 이익을 셈하고, 또 그 아래 무사들은 제 한 몸의 이익을 챙기게 마련이어서, 이렇게 위아래가 이익을 놓고 다투다보면 나라는 결국 망하게 된다"는 얘기다.

그렇다고 공자나 맹자가 사회정의만 앞세워 시장에서의 경제적 이익 추구를 부정하거나 깎아내린 것은 아니다. 오히려 그것을 자연스러운 것으로 여기고 적극 권장하기까지 했다. 다만, 사적 이익을 추구하는 시장영역과 사회 정의를 담보하는 공공영역은 분명하게 구분되어 지켜져야 한다는 점을 강조한 것이다. 약육강식弱肉强食의 논리를 앞세워 부국강병富國强兵을 추구하는 것이 대세였던, 그리하여 공공영역마저 시장판으로 내몰려 정의가 실종된 춘추전국시대에 공자는 탐욕으로 눈이 벌건 군주들을 향해 "이익을 보거든 먼저 정의를 생각하라見利思義"고 역설했다.

공자의 제자들 가운데 염유는 앞서 얘기한 자공과 더불어 회계와 이재에 밝았다.

그 덕분에 노나라의 실권자인 대부 계강자季康子에 발탁되어 계씨 가문을 위해 일하게 되었다. 그런데 문제는 "계씨는 노나라를 건국한 주공周公보다 더 부유했다. 그런데도 염유가 계씨를 위해 백성을 수탈하여 그 가문의 부를 날로 늘렸다"는 것이다. 요즘 말로 하면 권력자의 국정 농단에 앞장서서 부역을 했다는 것이다. 이런 염유를 공문孔門에서 파문한 공자는 국가 경영의 요체를 이렇게 설파했다.

> 일국의 임금이나 일가의 가장이나 가진 바가 부족함을 근심하지 않고 고르지 못함을 근심하며, 가난을 근심하지 않고 불안을 근심한다. 대개 고르면 가난이 없고, 조화로우면 부족함이 없으며, 편안하면 기울어짐이 없다 (有國有家者, 不患寡而患不均, 不患貧而患不安. 蓋均無貧, 和無寡, 安無傾. _《논어》〈계씨〉편).

공자가 추구하는 국가경영 철학의 줄발은 살림을 키우는 '욕망의 확장'에 있지 않고 살림을 고르게 하는 '욕망의 절제'에 있다. 공자가 말하는 정의로운 사회는 무엇보다 재화가 균등하게 분배되는 사회다. 그러나 이런 정의로운 사회는 공공영역이 시장논리나 야바위판으로부터 온전하게 보전되어야 실현될 수 있을 터다.

행동경제학자로 각광받는 댄 애리얼리 교수(듀크대 경제학과)는 공공영역이 시장영역에 침범당해 무너지면 어떤 재앙이 일어나는지, 다음과 같은 실험 결과를 보고해 폭넓은 공감을 얻었다.(《상식 밖의 경제학》, 2008).

우리 그니지(Uri Gneezy, UC샌디에이고 대학)와 알도 러스티치니(Aldo Rustichini, 미네소타 대학) 두 교수는 공공영역의 일이 시장영역의 일로 넘어갔을 때 달라지는 점들을 관찰하는 실험을 실시했다.

몇 년 전 그들은 이스라엘에 있는 한 탁아소에서 아이를 늦게 찾으러 오는 부모에게 벌금을 부과하는 것이 유용한 억제기능을 하는지 알아보기 위한 연구를 했다. 그들은 벌금이 그다지 효과적이지 않으며 장기적으로 부정적인 영향을 미친다는 결론을 내렸다. 왜 그랬을까?

벌금을 부과하기 전, 보육교사와 부모는 아이를 늦게 찾으러 오는 것이 사회규범, 즉 공공의 미덕을 해친다고 생각했다. 따라서 부모들은 어쩌다 늦으면 마음으로부터 죄송스러워했다. 그런 미안함이 부모로 하여금 다음부터는 제 시간에 아이를 찾으러 가도록 만들었다.

그러나 벌금을 부과하기 시작하자, 공공영역이 시장영역으로 바뀐 모양새가 됐다. 부모는 자신들이 늦은 것을 돈으로 대신하면서부터 아이를 늦게 찾으러 오는 상황을 시장의 규칙으로 받아들이기 시작한 것이다. 벌금을 내면 되니까 이제는 늦을지 말지를 상황에 맞춰 결정하면 그만이었다. 물론 이것은 탁아소에서 의도했던 바가 아니었다.

진짜 얘기는 지금부터 시작이다. 이 실험에서 가장 흥미로운 일은 그로부터 몇 주 뒤 탁아소가 벌금제도를 다시 없애면서 일어났다. 탁아소가 공공영역으로 되돌아간 것이다. 그렇다면 부모들도 공공영역의 세계로 돌아왔을까? 다시 죄책감을 느끼기 시작했을까? 전혀 그렇지 않았다. 벌금은 없었지만 부모의 처신은 바뀌지 않았다. 그들은 여전히 늦게 아이를 찾으러 왔다. 벌금을 없애자 오히려 아이를 늦게 찾으러 오는 횟수가 조금 늘

· 거제의 부활

기까지 했다. 결국 공공영역의 규범도 시장영역의 규칙도 모두 제거되어 버린 것이다.

이 실험을 통해 한 가지 유감스러운 사실을 알 수 있었다. 공공영역의 규범과 시장의 규칙이 충돌하면 공공의 규범이 밀린다. 다시 말해 사회적, 공공의 관계는 다시 세우기 어렵다. 다 피어버린 장미처럼 한번 공공영역이 시장영역에 밀리게 되면 회복은 거의 불가능하다.

오늘날 거제의 현실이 바로 "공공영역이 시장영역에 자꾸 밀리는 상황" 으로 내닫고 있다는 것이다. 그래서 6.13지방선거에서 시장이나 시의원으로서 거제에 가장 필요한 인물은 무엇보다 먼저 도덕성을 갖춘 사람이라야 한다. 또 의회권력 교체도 중요하지만 신자본주의 논리에 매몰된 개발주의자가 시정을 맡아서는 안 된다.

내 고향 거제를 사랑하는 사람들을 만나보면, 지금껏 거제를 잘사는 도시로 만들어주겠다고 큰소리쳐온 사람들이 시정을 맡아 시민들에게 외면당하는 거제시, 시민이 주인이 아니라 개발사업자가 주인인 도시로 전락시켰다고 말들을 한다. 그 결과 거제는 불황이 장기간 지속되고 있고, 대혼란을 겪고 있는 실정이다. 너무나 안타깝다.

수구초심, 고향의 부름에 답하다

●

●

여우가 죽을 때는 자기가 살던 굴이 있는 언덕 쪽으로 머리를 둔다고 하니, 수구초심首丘初心이다. 그만큼 간절한 마음으로 고향을 그린다는 뜻이다. 나는 태어나 25년을 살다가 떠난 고향을 수구초심으로 그리워했다. 그 25년의 그리움 끝에 귀향을 결심한 데는, 한때의 영화를 뒤로하고 쇠락해가는 고향 걱정에 잠 못 이루는 숱한 불면의 밤이 있었다.

사실 고향 거제의 위기는 한두 해 전의 일이 아니다. 내가 서울시의원이 되기 전부터 시작된 위기이니 10년도 넘은 일이다. 만약 단기 및 중장기 대처 방안을 여러 각도로 수립하여 그 위기에 착실히 대처했다면 10년은 그 위기를 잠재우고 새롭게 도약하는 데 부족한 시간이 아니다. 그러나 그 10년은 방치되었고, 위기는 더욱 크게 부풀었다. 흔한 말로 위기 탈출의 골든타임을 흘려보낸 것이다.

이런 데는 다 연유가 있다. 알다시피 그 10년간 거제시 국회

의원, 거제시장을 비롯하여 거제시 기초의원, 거제시 도의원 전원이 자유한국당 소속이었다. 이명박 정부 5년간은 온통 토건 개발 사업에 함몰되어 거제 양대 조선소 위기와 같은 시급하고도 다양한 대안이 요구되는 다층적이고 복합적인 문제는 방치되다시피 했고, 박근혜 정부 4년은 실상 없는 '창조' 구호만 난무한 가운데 사실상 정부 실종 상태였으니, 거제 위기에 대해 무슨 일을 할 수 있었겠는가. 그런 가운데 거제시마저 길을 잘못 들어서 지도도 없는 깊은 숲속에서 길을 잃고 헤맨 꼴이 되고 만 것이다.

10년간 물밑에서 방치된 위기는 2년 전부터 심각한 현실로 드러나기 시작했다. 진즉에 거제의 위기가 거론될 때부터 관심의 끈을 놓을 수 없었던 나는 이때쯤부터는 애가 타서 편히 밤잠을 이룰 수 없었다. 이 무렵 언론들도 "거제의 눈물"이라는 제목을 달고 거제의 위기를 전하고 있었다. 2016년 4월 7일자 국민일보 역시 "거제의 눈물, 2만 명 실직 위기… 조선 불황에 일감도 뚝"이라는 제목의 기사를 내보냈다.

한국 조선업계에 천문학적인 규모의 적자를 안긴 해양플랜트 사업이 '조선도시' 경남 거제를 무겁게 짓누르고 있다. 올 하반기부터 굵직한 사업이 줄줄이 인도되면서 거제 소재 조선소에 고용된 수만 명의 근로자들이 일자리를 잃을 것이란 우려가 높아지고 있다.

거제에 거주하는 대우조선해양 직원 가운데 본사 직영 인력을 제외한 협력사 인원은 2만 9,000명으로 파악된다. 삼성중공업은 협력사 직원 2만 6,000명이 거제에서 근무 중이다. 3인 가구 기준으로 보면 16만 5,000여 명의 거제 인구가 계약직 형태의 조선업 근로자 봉급으로 생계를 유지한다는 계산이 나온다.

대우조선해양과 삼성중공업은 거제에 거주하는 협력사 직원 중 절반 이상이 해양플랜트 프로젝트에 투입되고 있는 것으로 보고 있다. 거제 총 인구가 2015년 말 기준으로 25만 5,000여 명인 점을 감안하면 조선업에 종사하는 인력의 고용이 불안해질 경우 지역경제가 뿌리째 흔들릴 것이란 경고가 나온다. 대우조선해양이 올해 인도하는 총 9기의 해양플랜트 중 6기가 하반기에 인도될 예정이다. 여기에는 20억 달러 규모 부유식 원유생산 설비가 포함된다. 삼성중공업은 올해 총 5기의 해양플랜트 설비를 인도하는 가운데 30억 달러 규모의 액화천연가스 처리설비 등 대형 프로젝트 3건이 하반기에 마무리된다.

해양플랜트는 바다 속 자원을 탐사하고, 개발된 광구에서 석유·가스를 뽑아 올려 정제한 뒤 저장까지 할 수 있는 대형 해양구조물이다. 2010년대 들어 극심한 선박 수주 가뭄으로 어려움을 겪던 우리 조선업계에 대안으로 떠오른 신성장동력이었다. 이에 업계는 협력사 인력을 중심으로 인원을 대폭 늘렸다. 2011년 말 기준 대우조선해양과 삼성중공업의 조선·해양 관련 협력사 인원은 각각 1만 5,000명 정도에 불과했다. 4~5년 사이 배 수준으로 불어난 셈이다. 하지만 수조 원에 달하는 대형 해양플랜트 사업이 우후죽순 발주되면서 일감을 선점하기 위해 국내 조선사 간 치열한 출혈경쟁이 벌어졌다. 해양플랜트 자체가 낯선 분야였던 만큼 시행착오까지 겪게 되자 공기가 지연되는 사업도 속출했다. 이에 조선업계가 사상 최대 적자를 기록하게 만든 주범으로 전락했다. 프로젝트가 끝나면서 계약이 만료된 협력사 직원들은 통상 다른 사업에 투입된다. 그러나 해양플랜트 사업을 마치고 나오는 인력 규모가 워낙 크고, 조선업이 불황을 겪으면서 이들이 다시 일감을 확보하기는 어려울 것이란 전망이 지배적이다. 업계 관계자는 6일 "회사 입장에서는 호황 때처럼 인력을 유지할 수는 없다"며 "일이 끝나면 자연스럽게 인력이 빠지게 되는 것"이라고 말했다. 정성립 대우조선해양 사장도 최근 기자간담회에서 "현재 4만 2,000명인 직원을 2019년까지 3만 명으로 감축하겠다"고 밝힌 바 있다.

대우조선해양 노조와 삼성중공업 노동자협의회는 지자체와 정부에 거제를 고용위기지역으로 지정해줄 것을 요구하고 있다. 이들은 올해만 2만 명 이상이 실직으로 내몰릴 것이라고 주장했다. 거제시와 고용노동부는 거제가 고용위기지역으로 지정될 수 있는지 검토 중이다.

이뿐만이 아니었다. 곳곳에서 거제의 위기가 현실화하고 있는 사이에 보험업계도 "조선사 구조조정 여파로 거제·통영 보험계약 해지와 실효가 늘어나 탈출구가 보이지 않는다"고 아우성이었다. 2016년 4월 20일자 머니투데이가 "거제는 원래 소득수준이 높은 곳이라 보험영업을 하기 좋았는데 이번 달 계약 실적이 전달의 절반밖에 안 될 것 같다"는 거제지역 보험설계사의 하소연을 인용하면서 그 실상을 전하고 있다.

조선업이 구조조정 1순위로 지목된 가운데 대우조선해양과 삼성중공업에 전적으로 의존하고 있는 거제 경제가 직격탄을 맞았다. 거제는 인구 70퍼센트가 조선업에 종사하는 지역이다. 웬만하면 깨지 않는다는 보험계약 해약률이 최근 눈에 띄게 높아졌고 보험료를 내지 못한 실효계약도 증가해 지역 경제 위기를 실감케 하고 있다는 평가다.

조선업 특성상 신규 수주로 일감이 몰리면 협력사 직원들이 원룸을 구해 임시 거처로 이용하는데, 최근 공실률도 높아져 월세 가격이 50만 원에서 40만 원대로 떨어졌다. 거제 삼성중공업의 한 직원은 "우리는 월급이 삭감된 것은 아니지만 협력사들은 수주가 안 들어와 아예 월급을 못 받는 회사도 많다"며 "6월 이후에 본격적인 구조조정이 시작될 것이란 소문이 떠돌고 있다"고 우려했다.

나는 이런 기사를 접할 때마다 안절부절 촉각을 곤두세운 채 조선해양 관련 전문가나 거제 현지 지인들을 통해 수시로 상황을 모니터링해가며 가슴을 졸였다. 일자리가 사라지자 일자리를 찾아 집을 떠나는 사람들이 갈수록 늘었다. 거제는 그들의 눈물로 더 깊이 젖어들었다. 내 작은형 친구도 그런 소용돌이 가운데 눈물을 흘려야 했다. 그는 덕트duct 공사 전문가로서 고도의 전문성이 요구되는 고난도 덕트 작업을 수행했는데, 단순한 덕트 일이라도 찾으려고 수도권의 도시로 떠났다. 덕트는 공기 또는 가스의 이송 및 환기용 도관導管을 말한다. 기체의 유속에 따라 저속 덕트와 고속 덕트가 있고, 형상도 각 덕트와 환 덕트가 있다. 대개 아연철판이 사용되며 플라스틱, 알루미늄, 스테인리스 강판 등 사용 목적에 따라 여러 재료로 만들어지며, 외면은 보온재로 단열한다. 선박의 덕트 공사는 일반 건물 공사에 비할 수 없는 고도의 전문성을 필요로 한다.

이처럼 고도화된 전문 인력도 일자리를 잃고 일반 건물이나 공장을 짓는 데라도 혹 일자리가 있을까 싶어 뿔뿔이 흩어지는 마당에 일반 노동자들의 고충은 오죽하겠는가. 나는 이때까지만 해도 그저 고향을 염려하는 마음에서 관심을 갖고 거제 부활에 뭔가 힘을 보탤 일이 있을까 궁리하며 신경을 곤두세운 터였다. 그러나 상황은 점점 악화되고 있는데다가 거제의 살림을 맡고 있는 이들은 헛다리를 잡고 자꾸 딴 길로 가고 있었다. 나는 이미 거제 위기는 시나 도 차원의 해결 능력을 크게 벗어나 있다는 것을 알고 있었다. 거제의 양대 조선소는 지역경제 차원을 넘어 국가경제 차원의 대기업으로, 지자체의 행정력만으로는 어찌 해볼 수 있는 계제가 아니다. 중앙정부 차원의 과감한 전략과 정책지원 없이는 풀 수 없는 문제다. 그래서 그 어느 때보다 거제시장의 강력한 정치력과 리더십이 요구되는 시기다.

나는 지난해 극적으로 정권이 바뀌면서 거제를 살릴 수 있는 절호의 기회가 내게 주어졌다고 생각했다. 자유한국당이 여당으로 있는 환경에서는 설령 내가 시장이 된다 한들 할 수 있는 일이 별로 없을 터였다. 그런데 하늘이 도왔는지 거제가 고향인 문재인 대통령이 탄생했고, 나는 평생 민주당 정치인으로서 문 대통령을 비롯한 민주당 주요 인사들과 정치철학을 공유하고 소통해온 터였다. 내가 서울시의원으로서 많은 일을 할 수 있었던 것도 박원순 서울시장과 같은 민주당 동지로서 철학을 공유하고 소통하는 것이 가능했기 때문이다. 그리하여 나는 지난해부터 거의 주말마다 고향으로 내려가 위기의 실상을 파악하는 한편 고향사람들의 한숨을 어루만지고 눈물어린 사연을 경청했다. 그럴수록 내가 나설 수밖에 없는 이유가 분명해졌고, 마침내 간절함으로 가슴을 파고들었다. 나는 이미 터를 잡은 서울이지만 더 이상 안주할 수 없다는 판단을 내리고 내 고향 거제로 가기로 했다. 가서, 거제의 부활을 위해 20여 년간의 중앙정치 경험과 8년간의 서울시 의정활동을 통해 정립한 정치철학과 신념을 모두 쏟아 헌신하기로 했다.

차기 거제시장 자유한국당 후보로는 최근까지 거제부시장으로 있던 서모 후보가 유력하지만 그는 거제의 위기에 책임이 있는 자리에 있던 사람이다. 그러니 야당은 논외로 치더라도 민주당에서도 여러 인사들이 출마를 말하거나 거론되고 있다. 그러나 대부분 지역에서만 활동하던 분들이어서 (앞서 얘기한 대로) 지역 차원을 이미 벗어나 있는 거제 위기에 대응할 방책을 마련할 길이 없는 형편이다. 물론 거제시가 이런 커다란 위기국면이 아니라 평온한 상태에서 단순히 행정력만을 필요로 한 상황이라면 그분들도 시장으로서 자격이 충분하니 굳이 내가 나설 일도 없을 터였다.

그러나 지금은 비상한 상황이다. 비상한 상황은 비상한 능력, 비상한 전략과 방안을 필요로 한다. 그 비상한 능력이란 기제의 위기를 극복하는 데 대통령과 정부, 여당의 관심과 힘을 이끌어낼 수 있는 능력이다. 나는 자랑이 아니라, 지난 20년간 중앙정치에 몸담아온 이래 그런 능력을 키워왔고 다행히도 그런 능력을 발휘할 수 있는 최적의 환경을 맞았다.

거제는 양대 조선소 위기로 상징되는 이 큰 위기만 잘 넘기면 성숙한 문화도시, 활기찬 행복도시로 거듭나게 될 것이다. 그럴 수만 있다면 나는 기꺼이 그 길로 가는 디딤돌이 될 것이며, 그런 에너지를 분출하는 불길의 불쏘시개가 될 것이다.

PART 2

나의
삶,
나를 키운 거제

나는 이런 나의 고단하고
파란만장한 청춘의 시기를
무사히 건너기 위해 일찍이
"안주安住는 곧 죽음이요,
용기勇氣는 욕망을 자제하는 힘"이라는
캐치프레이즈를 삶의 지렛대로 삼았다.
그때가 멸치잡이 배를 타고 바다를 떠돈
열일곱 사춘기 때였으니 조숙한 셈이다.
꿈을 이뤄 가난을 벗어나야 했으니
한시도 쉬어서는 안 된다고 생각했다.
그러면서도 늘 내 욕망을 제어하고
바른 길을 걷고자 노력했다.

궁벽한 시절, 그러나 아름다운 섬

●

●

내가 태어난 1968년(주민등록상 1969년 기재) 무렵만 해도 거제는 그저 바다로 둘러싸인 섬, 궁벽한 농어촌일 뿐이었다. 굳이 특이한 점을 대라면, 일제강점기에 일제가 거제도에 군사·군수시설을 집중 설치하여 침략전쟁의 병참으로 사용한 아린 상처를 안고 있다는 것이다. 게다가 일본인들은 거제의 장승포를 주요 어업기지의 하나로 삼아 물고기를 많이 잡아갔으니, 거제는 뭍도 바다도 다 일제에 혹독하게 수탈당한 셈이다.

또, 한국전쟁이 한창이던 1951년 2월에 포로수용소가 들어서 17만여 명의 포로를 수용한데다가 그해 1.4후퇴 때 흥남부두에서 미군 함정에 까맣게 매달리다시피 해서 맨몸으로 내려온 20만 명에 이르는 피난민 대부분도 거제에 몸을 부렸다는 것이다. 그리하여 10만 명이 채 안 되는 주민들도 가난에 배를 곯던 시절에 주민의 갑절이나 되는 피난민이 졸지에 들이닥쳐 복닥거렸으니 어찌 살았을까 싶다.

포로들이야 연합군이 가건물이나마 정식 숙소를 마련하고 배곯지 않을 만큼 식량 보급을 했으니 숙식은 오히려 전선의 병사들보다 나았다고 했다. 그런데 그 많은 피난민들은 어찌 살았을까? 듣기로는 수용소가 턱없이 부족하여 공공건물은 물론 민가의 사랑채, 헛간, 창고까지 빈틈없이 우겨 넣었다니 그 고초를 상상하기가 어렵다. 그때 거제사람들은 그 많은 피난민들을 따스하게 품어 안고 콩 한조각도 나눠먹으며 그 참담한 세월을 견뎌냈다니, 그런 분들과 한 고향사람이라는 것이 자랑스럽다.

하나 더 든다면 거제 둔덕면이 〈깃발〉의 시인 청마 유치환의 출생지라는 것이다. 하지만 내가 알기로, 청마는 설음마를 뗄 무렵에 통영으로 나가 자랐으니 고향은 통영인 셈이다. 요즘은 명성 높은 사람의 발자국만 스쳐도 지자체들이 "어디의 누구"라는 식으로 끌어다가 이야기를 엮어내는 판이니, 그에 대면 출생지만 해도 대단한 인연이어서 "거제의 청마"라 해도 그리 낯간지럽지는 않을 터이다.

오늘날 거제는 대통령을 둘씩이나 배출한 곳으로 주목받게 되었는데, 극적인 순간에 무거운 책무를 안고 취임한 현 대통령은 1.4후퇴 때 거제로 내려와 정착한 피난민의 아들이니, 그때 거제사람들이 베푼 인정이 이제야 보은으로 돌아온 성도 싶다.

거제에서도 내가 태어나 자란 거제면은 깊숙하게 파고들어 온 만(거제만)을 이루고 있는데다가 앞으로는 한산도가 만 들머리에서 풍랑을 막아주고 산달도가 달걀 노른자마냥 들어앉아 있다. 또 뒤로는 산들이 어깨를 걸듯 빙 둘러선 산맥을 병풍삼아 너른 들이 펼쳐져 있다. 그래서 바람 없고 온화한 이곳은 난대성 식물까지 잘 자라는 천혜의 농업지대인데다가 태풍에도 까딱없는 천혜의 어항이기도 하다. 거제만은 한려해상국립공원으로 나가는 문이자 한려수도閑麗水道의 시작점인 해금강지구의 거점이다. 거제만 입구를 수호신마냥 지키고 있는 한산도를 등에 지고 왼쪽으로 길게 돌아나가면 해금강 절경이 펼쳐진다.

내가 태어난 집은 거제면 남동리지만 나중에 자란 집은 어머니의 친정마을인 오수리로, 남동리 바로 아랫마을이다. 그러니까 내 고향마을은 거제면 맨 동쪽 끝으로, 동부면과 면해 있는 오수리 선창마을이다. 지금은 선창마을 뒤편으로 오수천을 끼고 온통 알로에 농장이 조성되어 있지만 나 어릴 때는 산방산-계룡산-북병산-선자산으로 이어지는 산맥이 머금었다가 흘려보낸 물을 받아 논농사를 짓는, 거제도에서 제일 너른 들이었다.

선창 앞바다에는 작은솔섬小松島과 큰솔섬大松島이 있다. 온통 곰솔로 뒤덮여 있어 솔섬으로 불린다. 주로 바닷가에서 자라는 곰솔은 흔히 해송海松이라고 한다. 목재는 배를 만드는 데, 껍질과 꽃가루는 식용으로, 송진은 약용으로 쓰인다. 곰솔 숲은 바닷가 모래언덕 이동을 방지하는 효과가 있어서 특별히 관리되고 있다.

작은솔섬은 선창 해안에서 200미터 거리여서 수영 잘하는 형들은 호기심에 건너가 놀다오기도 했다. 큰솔섬은 저 건너 오송 해안에서는 가까웠지만 선창 해안에서는 아득히 멀어서 바라보기만 했다.

전쟁의 깊은 상처, 아버지의 유산

나는 칠남매 가운데 여섯째로 태어났다. 맨 위로 누나 둘이 있고, 큰형, 셋째누나, 작은형, 나 그리고 막내가 여동생이다. 내가 태어났을 무렵 집에는 먹을거리가 변변치 않아 식구들은 늘 허기가 졌다. 특히 어머니는 식구들을 먼저 챙기느라 잘 먹지 못해서 젖이 나오지 않았다. 그래서 나는 늘 빈 젖을 빨았다. 어머니는 그런 아기를 보며 우느라 나중에는 눈물도 말랐을 것이다.

그때는 몇몇 집만 빼고 다들 가난했다. 우리 집은 조금 더 가난했을 뿐이었다. 그래서 맨 위 누나 둘은 겨우 초등학교만 마치고는 객지로 돈을 벌러 나가야 했다. 원래는 대대로 가난했던 집안은 아니어서 할아버지는 작으나마 고깃배를 소유했으니 끼니 걱정은 안 해도 될 만큼은 살았다. 그러나 한국전쟁이 남긴 상처가 우리 집안을 가난의 질곡으로 빠뜨렸다.

아버지는 1953년 전쟁이 끝나고 겨울에 중매를 통해 어머니와 결혼했다. 어머니는 당시 오수마을에서 제일 부잣집 막내딸로 스물한 살이었고, 아버지는 스물여섯 살이었다. 아버지는 국군으로 입대하여 전선에 투입되어 싸우다가 인민군에 포로로 붙잡혀 북에 억류되었다. 전후 포로교환협정에 따라 가까스로 귀환한 아버지는 포로생활 중에 상한 몸이 온전치 못했다. 특히 위장병으로 고생하던 아버지는 그 울분을 술로 달랬다. 결혼 전엔 손에 물도 안 묻히고 자랐다는 어머니가 곤궁한 살림을 억척스럽게 꾸려갔다.

아버지는 비록 대학을 나온 건 아니지만 당시 지역사회를 대표할 만큼 바른 소리를 내시는 진보적인 인사였다. 또한 당시 어촌계장을 몇 년 하면 대처에 집을 산다는 말까지 있었는데, 아버지는 어촌계장을 하면서도 일을 공정하게 처리하는 것 외에는 옆도 돌아보지 않은 성품이어서 그 시절에도 우리 집의 살림은 조금도 나아지지 않았다. 어촌계장으로 일하는 중에 강직한 인품이 널리 알려지면서 사람들이 아버지를 면장으로 미는 분위기가 역력해지자 아버지는 군수 아니면 안 한다며 손사래를 쳤단다. 배포가 컸지만 자리 욕심도 없었다.

아버지는 호인이어서 밖에 나가면 키다리아저씨라고 존경도 받았지만 어머니는 그만큼 더 고생이었다. 아버지는 지나는 길손이 막걸리를 먹고 싶다 하면 이끌고 가서 수중에 돈이 없으니 외상술을 받아 먹이곤 했다. 하루는 학교 갔다 오는데 여고생 누나들이 우리 딸기밭에 우르르 몰려들어 딸기를 따 먹고 있었다. 내가 화가 나서 소리치자 그 누나들 말이, 지나가다가 딸기를 보고 배고프다 하니까 딸기밭 주인아저씨가 그 말을 듣고는 맘껏 따먹으라 하고선 가셨다는 것이다. 집에 가서 아버지한테 여쭤보니, 한창 크는 아이들이 배고프다는데 먹어라 해야지 어쩌겠냐는 것이다.

아버지는 아침에 고깃배를 타고 나가 고기를 잡아오면 남들과는 달리 크고 맛있는 비싼 생선을 골라 먼저 식구들을 먹이고, 나머지 자잘하고 싼 생선을 내다팔았다. 그 덕분에 우리는 가난한 살림에도 생선만은 고급으로 먹었다. 그렇다고 자주 그런 생선을 먹을 수 있었던 아니고 아주 가끔 그런 호사를 누렸을 따름이었다.

나는 초등학교를 들어가서부터 작은형, 셋째누나랑 함께 미꾸라지와 조개잡이를 통해 양식을 구입하고 때로는 필요한 생필품도 구입했다. 난 특히 여름날이면 참게를 잡으러 다녔다. 참게를 잡느라 굴속에 손을 넣다보면 굴 껍질에 긁히고 물려서 손이 온통 상처투성이였지만 참게는 특히 어머니가 좋아하는 터여서 손에 상처 좀 나는 것 따위는 개의치 않았다.

• 거제의 부활

나는 어려서부터 수덕水德이 있었는지 물고기를 곧잘 잡았다. 초등학교 2학년 땐가는 대여섯 살이나 많은 동네 형들과 뱀장어 주낙을 하러 갔는데, 넘어지는 바람에 내 주낙이 그만 엉켜버려서 함께하지 못하게 생겼다. 그대로 집에 돌아가기가 억울해서, 백여 개의 낚싯바늘이 뒤엉킨 주낙을 동네 갯논 가장자리 둠벙에 넣어놓고 왔다. 둠벙에 자라나 잉어가 있을 성싶었다.

다음날 학교에서 돌아오는 길에 둠벙으로 가서 보니, 둠벙이 온통 뒤집어질듯 요동을 치며 난리가 났다. 커다란 구렁이나 이무기 같은 것이 줄낚시에 걸렸는가 싶어 덜컥 겁이 났다. 용기를 내서 사쓰스로 줄낚시를 낭겨보니 커다란 뱀상어가 일곱 마리나 달려 있었다. 당시 그토록 커다란 뱀장어는 꽤나 비싸서 그때 돈으로 마리당 만 원은 훌쩍 넘었으니, 가계에 큰 보탬이 되었다.

겨울이면 우리는 청둥오리를 잡아먹었다. 붕어 뱃속에 싸이나(청산가리)를 넣은 후 해거름에 청둥오리가 잘 앉는 논바닥 나락 폭이 등에 붕어를 놓아두고 다음날 동틀 무렵에 나가보면 늘 청둥오리 예닐곱 마리는 쓰러져 있었다. 먹을 게 없던 우리는 그렇게 청둥오리를 잡아 끼니를 때우며 겨울을 났는데, 겨우 내내 삼시 세끼를 모두 청둥오리무국을 먹어야 했다. 요즈음은 상상도 못할 일들이다.

"아-으악새 슬피우니 가을인가요…." 이 구성진 노랫소리가 언덕을 넘어오면 우리 집은 초비상이다. 아버지는 약주만 드시면 이 노래를 부르며 귀가해서는 집안을 한바탕 뒤집어놓았다. 전쟁으로 인한 깊은 상처가 취기를 타고 도지는 것이다. 어머니는 그런 아버지를 안쓰러워하며 평생 눈물을 훔쳤다.

아버지는 그렇게 전쟁의 후유증을 모질게 앓다가 내가 중학교 2학년 때인 1982년 쉰다섯의 일기로 돌아가셨다. 아버지는 자식들을 위해 눈물겨운 유산을 남겼는데, 일 년간의 기도였다. 아버지는 돌아가시기 한 해 전부터 날마다 하루도 어김없이 새벽 4시에 일어나 정좌하고 한 시간 가량 독경讀經을 했다. 그 동안에는 술도 절제하고 스님이나 다름없이 지내셨다. 가족에 대한 미안함을 그렇게나마 덜고 싶으셨을까. 내가 오늘날 큰 흠결 없는 정치인으로 성장한 것도 그 공덕功德이 아닐까 싶다.

당시 큰형은 군 복무 중이었는데, 아버지가 돌아가시자 의가사제대依家事除隊를 했다. 복무 중인 군인밖에 가족을 부양할 사람이 없으면 그 군인을 조기에 전역시켜 주는 제도가 있었다.

　·거제의 부활

아버지가 돌아가시고 어머니는 더욱 힘들어했다. 비록 경제적 능력도 없고 종종 집안을 뒤집어놓긴 했어도 아버진 어머니한테 기댈 언덕이었고 삶을 영위하는 굵은 끈이었다. 큰아들이 있다지만 남편의 존재에 비할 수는 없었다. 그러나 어머니는 슬픔에 잠길 새도 없었다. 다섯째는 고등학생, 여섯째는 중학생, 막내는 초등학생으로 아직 손이 많이 가는 어린 자식들이 셋이나 되었다.

그전에도 안 해본 일이 없을 만큼 고생한 어머니지만 쉰 살에 홀로 되어서는 자식들 벌어 먹이느라 밖에서 일하는 시간이 더욱 길어졌다. 부산으로 시집간 큰누나 가게에 장사라도 하러 가면 보통 일수일씩 걸렸다. 그러자 자연히 셋째누나가 어머니의 빈자리를 메워 동생들을 보살폈다. 우리는 틈만 나면 함께 조개나 미꾸라지를 잡아 팔아서 가계에 보탰다. 가난은 아이들을 일찍 철들게 한다더니 그 말이 꼭 들어맞았다. 아버지의 부재와 어머니의 고생은 우리를 일찍 철들게 했을 뿐만 아니라 형제들의 우애를 더욱 끈끈하게 했다.

형제는 용감했다, 삼형제와 고기잡이 배

●

●

큰형은 전역하고 돌아와 가족의 생계를 위해 소와 돼지를 키울 계획을 세웠다. 우리 삼형제의 힘으로 축사를 세우기로 하고 모래자갈, 목재를 구해다 나르고 시멘트를 구입했다. 그런데 철근은 워낙 비싸서 고민하고 있던 차에 우리 형제들 노동력만 들이면 거저 얻어낼 기회가 생겼다. 동네에 새 다리가 놓여서 군청에서 옛 다리를 해체하려는데 예산 부족으로 절반만 해체한 체 방치하고 있었다. 면사무소에 문의해보니 마저 해체하여 철근을 가져가도 된다는 것이다.

우리 삼형제가 쾌재를 부르고 여름방학 동안 해체에 나서자 동네사람들은 아마도 저것들이 더위를 먹어 미쳤는가 싶다고 했다. 사실 누가 봐도 엄두가 나지 않는 엄청난 일이긴 했다. 오죽했으면 장비를 동원하여 해체하는 군에서조차 예산이 부족하다며 공사를 중단했을까. 그에 비하면 우리는 원시적인 장비에 원시적인 방법밖에 없었다. 그러니 사람들이 미쳤다고 했을 법도 하다.

우리는 그 미친 일을 보름 만에 해냈다. 지켜보던 동네사람들은 혀를 내둘렀다. 이 일로 우리는 "용감한 삼형제"로 면에서 유명해졌다. 누구는 이제껏 듣도 보도 못한 독종들이라고 했다. 그때 작은형은 고등학교 3학년, 나는 겨우 중학교 3학년이었다. 그때 행정절차만 알았더라면 군에서 상당한 금액의 해체비용까지 받을 수 있었다는 것을 나중에야 알았다. 큰형도 철근만 얻으면 된다는 마음에 거기까지는 생각이 미치지 못한 것이다.

큰형은 어려서부터 수재 소리를 들으며 자란 집안의 희망이었지만 동생들 뒷바라지하느라 대학 진학을 포기하고, 일찍이 곁눈질로 건축 기술을 배워 지금까지 여유도 없이 육체적 노동으로 생업을 이어가고 있다. 아버지가 돌아가시고 조기 전역한 뒤로는 줄곧 동생들에게 아버지 노릇을 하느라 자기 인생을 살지 못했다. 그러니 지금도 큰형만 생각하면 가슴이 시큰하니 아려온다.

사실 큰형은 어린 내가 가장 존경하고 닮고 싶어 한 사람이었다. 비록 대학은 안 나왔지만 명문대학생 이상으로 다방면으로 해박한데다가 털끝만큼도 허튼 행동을 하지 않았다. 푼돈이라도 한 푼 허투루 쓰는 법이 없었고, 구멍 난 양말은 따로 간수해두고 자신이 신었다. 자나 깨나 가족 생각만 하느라 정작 자신은 돌볼 틈이 없었다.

이듬해 중학교를 마친 나는 고등학교 진학을 앞두고, 고생하는 어머니를 보며 어린 나이에도 생각이 많았다. 한시라도 빨리 가난에서 벗어나야겠다는 생각, 그러려면 무엇을 하는 것이 좋겠는가 하는 생각… 그런 생각 끝에 목장을 하면 좋겠다는 결심이 섰다. 그래서 사천농업고등학교 축산과에 응시하여 합격했다.

거제에서 사천은 꽤 먼 거리다. 거제대교를 건너 통영으로 가서 한참을 올라가야 한데다 그때는 교통편도 뜨문뜨문해서 지리상의 거리보다 시간상의 거리는 훨씬 멀어서 사천농고로 진학한다면 통학은 불가능하여 방을 얻어 자취를 해야할 판이었다.

입학금을 내야 할 때가 다가오자 나는 조바심이 났다. 그러고 있는데 큰형이 작은형과 나를 불러 앉혔다. 동생들을 말없이 물끄러미 바라보던 큰형은 눈시울이 붉어진 채로 어렵사리 입을 열었다.

"상모야, 미안하다. 아직 네 입학금을 마련하지 못했구나. 입학금만이라면 어찌 해볼 수도 있겠지만 사천만 해도 꽤 먼

외지라서 살림을 따로 나면 더 많은 돈이 들어갈 건데, 지금 우리 형편으로는 도저히 답이 없다. 그러니 학교 가는 걸 일 년만 미루고 멸치잡이 배를 타자. 그리고 어디가 되었든 학교는 내년에 가자."

나는 목장을 하겠다는 내 계획이 영영 틀어지는 것 아닌가 싶기도 하고, 서운한 마음도 들어 트집을 놓았다. 눈물이 났다. 하지만 나도 집안 형편을 번연히 아는지라 이내 큰형의 의견을 따르는 수밖에 없었다. 고등학교를 마치고 졸업식만 남겨둔 작은형은 스페인 라스팔마스로 가는 오징어잡이 배를 타고, 큰형과 나는 멸치잡이 배를 타기로 했다. 나는 그때 겨우 열일곱 살인 미성년자여서 배를 탈 수 없었지만 멸치잡이 배 선장이던 어머니 친구 분이 보증을 서준 덕분에 배를 탈 수 있었다.

작은형이 가는 라스팔마스는 대서양 해상의 카나리아 제도로, 온화한 겨울 기후 덕분에 야자수가 많아 붙은 이름이다. 이 도시는 스페인이 라팔마 섬을 정복할 때 본부로 이용된 이후 스페인령 아메리카로 가는 선박이나 원양어선들의 주요 보급 항이 되었다. 작은형이 배를 탄 1983년 무렵까진 오늘날과 같은 휴양시설이 없었고 그저 선박들이 머물면서 정비를 하고 보급품을 충전하는 작은 항구도시에 지나지 않았다.

멸치잡이 배를 기선권현망이라고 한다. 한 선단은 대개 4~5척의 배로 이뤄지는데 양쪽에서 그물을 끌어당겨 가운데로 몰아가며 멸치를 잡는 본선 2척, 멸치 떼 위치를 알려주는 전파선 1척, 운반선 1~2척이다. 큰형과 나는 같은 선단에 속했지만 큰형은 본선, 나는 전파선을 타서 일은 서로 달랐다. 전파선을 탔다고 해서 그 일만 하는 건 아니었다. 전파 일이 끝나면 본선으로 넘어가 멸치를 그물에서 털거나 나중에 옮기는 작업도 함께 해야 했다.

출항하면 저녁에는 항구로 들어와 정박하지만 집에 갈 수 있는 날은 대개 보름쯤 걸렸다. 동해 속초부터 서해 인천 앞바다까지 멸치가 있는 곳이면 어디든 달려갔다. 남해는 물론 동해고 서해고 바다 구석구석, 크고 작은 섬 이름을 다 알았을 정도로 그 많은 섬들을 안 가본데가 거의 없었다. 내가 탄 어로선에는 어로장, 선장, 기관장까지 모두 네 사람이 일했다. 나는 주방장으로 네 사람의 식사를 담당했다. 배에서는 주방장을 하장이라고 했다. 그리고 어로선에서는 어로장이 가장 높아 선장 위이고, 기관장이 선장 아래, 나는 막내랄 것도 없는 꼬맹이였다. 요리 자격증이 없는 것은 물론이고 밥도 잘 못하는 열일곱 살 하장이라니….

선장은 인정머리라곤 눈곱만큼도 없는, 오로지 자기만 아는 딱한 사람이었다. 한번은 여름에 미숫가루를 가져와서 먹는데, 상사인 어로장만 마지못해 주고 나와 기관장은 쏙 빼놓았다. 아직 어린 소년이 그런 상사 밑에서 고된 뱃일을 했으니, 하루하루가 눈물겨웠다. 누가 그랬던가, 눈물 젖은 빵을 먹어 보기 전에는 인생을 논하지 말라고.

그래서 기관장과 나는 언제든 한번 선장을 골탕 먹여야겠다고 생각했다.

한번은 숨을 얼마나 오래 참을 수 있는지를 두고 논란이 벌어졌다. 그런 중에 나는 3분 이상을 참을 수 있다고 장담하자 선장이 "어린놈이 말도 안 되는 거짓말을 한다"고 몰아쳤다. 그래서 부아가 치민 나는 대뜸 할 수 있는지 없는지 내기를 하자고 큰소리를 쳤다. 3분 30초에 내기를 걸고 내가 이기면 선장이 미숫가루 다섯 그릇을 내놓고, 내가 지면 기관장이 5,000원을 내놓기로 했다. 물을 가득 채운 물통에 머리를 박고 4분 이상을 참았다. 내가 어릴 때부터 폐활량이 남달랐던 것을 선장은 몰랐던 것이다. 미숫가루 다섯 그릇은 덤이었고 선장의 코를 납작하게 해줘서 통쾌했다.

기관장은 아주 꼼꼼하고 까다로운 성격이었는데, 함께 장기를 두면서 친해져서 내게 많은 것들, 음식 조리법이나 배에서 조심해야 할 일 같은 것들을 자상하게 가르쳐 주었다.

어로장은 내게 특별한 분이었다. 고등학교에 가지 못한 나는 그 한을 풀기라도 하듯 시간만 나면 밥상을 펴놓고 공부를 했다. 선장은 그것까지 면박을 주며 구박했다. 그때마다 어로장은 일에만 지장이 없으면 문군이 공부하도록 놓아두라며, 선장을 막아서서 내가 마음 놓고 공부할 수 있도록 배려했다. 그뿐만 아니라 항구에 도착하면 책도 사주고 용돈도 챙겨줬다. 자기 아들이 나와 동갑내기인데 공부에는 도무지 생각이 없고 말썽만 피우는 문제아라고 했다. 그래서인지 배를 타서도 어떻게든 공부를 하려는 나를 기특해하며 5,500원이던 내 일당을 1,000원이나 올려주어 어른들과 같은 보수를 받았다.

어린 나는 다행히 어로장 같은 좋은 분을 만나 일 년 가까운 선원 생활을 잘 견뎌냈지만 열일곱 살내기가 감당하기에는 버거운 시간이었다. 체격이 크고 운동을 많이 해서 체력이야 이미 어른들 못지않아 일은 할 만했지만 한참 공부하며 꿈을 키워야 할 나이에 바다를 떠도는 삶이 애처로웠다. 깊은 밤, 달빛에 반짝이는 검은 바다를 보고 있노라면 눈물이 났다.

고교 시절의 방황, 나를 일으킨 평생의 은사

●

●

일 년간 멸치잡이 배 생활을 마친 나는 1985년 거제수산고등학교에 진학했다. 배를 탄 경험도 있거니와 돈을 벌려면 축산이 아니라 수산을 해야 한다고 생각했기 때문이다. 왜냐하면 축산은 자본이 필요하지만 배를 타는 것은 자본이 없어도 가능하기 때문이다.

거제수산고등학교는 1953년 거제제일고등학교로 개교했는데, 1965년 거제수산고등학교로 교명을 바꾸고 학제를 개편했다. 1999년에 거제해양과학고등학교로 교명이 바뀌었다가 2002년에 다시 맨 처음 교명인 거제제일고등학교로 돌아갔다. 우여곡절 끝에 고등학교에 들어간 나는 배를 타서 그런지 또래 아이들보다 한결 성숙해 있었지만 혼란스러운 마음에 한동안 방황했다. 잡념을 이겨내기 위해 태권도 체육관에서 운동을 하고 학교에서는 공부만 했다. 이른바 문제를 일으키는 친구들과는 거리를 둔 가운데 1학년을 잘 보냈다.

그런데 2학년에 들어서자 청춘의 이유 없는 방황이 시작되었다. 담임선생님께 밤새 구구절절 편지를 써서 부치고는 집을 나갔다. 만약 닷새 안에 돌아오면 다시 제자로 받아주시고, 닷새가 넘어도 돌아오지 않으면 제적시켜 달라는 게 편지의 요지였다. 나는 그다지 멀리도 가지 못하고 큰 누나가 계신 부산을 향했다. 다대포해수욕장과 태종대를 돌며 소주병도 던져보면서 눈물로 보냈다. 성장기에 사회가 규제하는 규범이나 윤리에 저항하는 방황이었다.

여기저기를 쏘다니다가 사흘 만에 돌아왔다. 다음날 나는 무슨 배짱이었는지 소주 대병을 사들고 담임선생님을 찾아뵈었다. 둘이서 그 대병을 다 비우고 나서야 담임선생님은 다시 받아줄 테니 앞으로는 학교생활에 전념하라고 격려해주었다.

그렇게 돌아온 후에 처음 맞는 국어 시간이었다. 김소월의 시 〈진달래꽃〉을 배우고 있었는데, 나는 나흘이나 결석한 터여서 그 전 시간의 수업 내용을 알지 못했다. 그런데 선생님이 나를 일으켜 세우더니 "사뿐히 즈려밟고 가시옵소서"가 현대어로 무슨 말이냐고 물었다. 나는 순간 멍해져서 아무 말도 하지 못한 채 잠자코 있었다. 뜻밖에도 선생님은 웃으시더니 전 번 수업에 빠졌으니까 모르는 게 당연하다며 앉으라고 했다. 그리고는 8절 백지를 반 학생들 모두에게 한 장씩 나눠주시고는 지금 생각나는 일을 솔직하게 앞뒤로 채워 적으라고 했다. 다들 백지에 코를 박고는 끙끙댔다. 나는 집나가 떠돌아다닌 지난 며칠간의 일을 덜지도 보태지도 않고 그린 듯이 그대로 썼다. 금세 앞뒤 백면이 빼곡히 찼다.

수업이 끝나고서 선생님은 솔직하게 잘 쓴 친구들 몇 명을 호명하며 칭찬했다. 내심 기대했던 나는 내 이름이 빠져서 약간 서운했다. 그런데 선생님이 맨 나중에 "가장 솔직하게 써서 감동을 준 학생은 문상모"라고 말씀하셔서 깜짝 놀랐다. 선생님은 나더러 학교 끝나고 교무실로 오라고 하시더니 나를 자택으로 데려갔다. 나는 선생님 댁에서 좋은 말씀을 들으며 그게 감화되었다. 국어 선생님과의 특별한 인연은 그렇게 시작되었다.

서른두 살 늦깎이로 교사에 임용된 김상출 선생님은 우리 학교가 첫 부임지였다. 그토록 늦은 까닭이 있었다. 종의 아들로 태어난 선생님은 겨우 초등학교를 마치고 중학교 진학은 꿈도 못 꾼 채 신발 공장에 취직하여 가계를 돌봐야 했다. 그렇게 온갖 공장을 전전하며 청소년기를 보낸 선생님은 뒤늦게 나이 들어서야 중졸, 고졸, 대입 검정고시를 거쳐 대학에 진학하여 선생님의 꿈을 키웠다.

그렇게 대학을 졸업하고 교사 시험에 합격하여 마침내 선생님의 꿈을 이룬 것이다. 선생님 못지않게 사모님도 훌륭했다. 나중에 알았는데 박봉의 교사 급여에서 일부를 떼어내어 가난한 학생들에게 기부해오고 있었다. 천사가 따로 있을까? 사모님이 바로 천사였다.

이듬해 2학년 2학기에 올라가자 국어 선생님은 내게 도서 관리위원장을 맡겼다. 도서관의 도서 관리를 총괄하는 도서 관리위원장이 되면 장학금까지 나왔다. 또 그 바람에 책을 가까이 접하게 되면서 자연 독서에 열중하게 되었다. 그 덕분에 나는 정신적으로 부쩍 성장할 수 있었다. 특히 그때 자주 읽은 두툼한 《불교경전》은 존재에 관한 철학적 사유를 싹틔워주었고 인격 형성에 중요한 자양분이 되었다.

나는 2학년을 지나 3학년을 올라간 즈음에 돈 많이 버는 것도 중요하지만 인격을 형성하며 특별한 삶보다 보편적인 삶을 사는 것이 중요하다는 판단을 내려 배 타는 것을 포기하고 해양경찰의 꿈을 키웠다. 그래서 항해사 자격증보다는 공무원 시험공부에 열중했다. 나는 불교경전을 읽으며 인생에서 운명론보다는 개척론을 믿게 되었다. 삶은 얼마든지 자유의지로 개척할 수 있다고 그때 확신하게 되었다.

3학년 올라가 6월경부터 해기사 자격증 모의고사를 치렀는데 늘 미달 점수가 나왔다. 다른 시험공부를 하고 있었으므로 당연한 결과였다. 그러자 김상출 선생님이 교무실로 나를 불러 세우시고는 "해양경찰은 나중 일이고 당면과제는 자격증을 취득하는 것"이라며 전체 선생님들 앞에서 혼쭐을 내셨다. 나는 즉석에서 "지금부터 해기사 공부를 해서 자격증을 취득하겠다"는 약속을 드리고서야 놓여날 수 있었다. 그렇게 약속은 했지만 막상 그 공부를 하려 하니 막막한 심정이었다. 하지만 한다고 했으면 해야지 어쩌겠는가.

나는 7월부터 죽기 살기로 공부에 매달렸다. 40여 일을 거의 잠을 자지 않고 공부를 했다. 선생님이 말씀한 대로 인이 배긴 것 같았다. 일주일이 지나자 멍한 상태였고 보름쯤 지나자 책을 읽으면 머릿속으로 스캔을 뜨는 것처럼 복사가 되는 것이다. 한번 읽으면 머릿속에 그대로 저장이 되었다. 신기했다. 마산에 있는 경남대학교에서 시험을 보았다. 다들 2시간 이상 시험을 보는데 나는 1시간도 채 걸리지 않아 시험을 끝냈다. 결과는 우수한 점수로 합격했다. 시험을 마친 나는 곧바로 선생님 댁에 들러 자초지종을 말씀드렸다. 내게는 선생님의 격려가 제일 좋은 약이었다.

나는 고등학교에 가서도 운동을 열심히 했다. 초등학교 때는 던지기, 핸드볼을 했고, 중학교 때는 육상 중장거리 선수로 뛰었는데 두각을 보이지는 못했다. 영양 섭취가 부족하여 몸에 힘이 없었기 때문이다. 초등학교 때 시작한 복싱은 꽤 소질이 있었는지 중학교 1학년 때는 서너 살 많은 형들도 때려눕힐 정도로 출중했다. 멸치잡이 배를 타면서 영양 섭취가 잘되어서인지 고등학교 때는 확실히 힘이 붙고 몸피도 실해졌다. 고등학교에 입학하면서부터 태권도와 단거리 육상을 했는데, 경남 교육감배대회에서 3등으로 입상한 태권도는 물론 육상(200미터)에도 꽤 뛰어난 실력을 보였다. 태권도는 3학년 때 도장에서 사범을 했을 정도로 실력을 인정받았다. 나는 상체보다 다리가 길어서 키에 비해 보폭이 컸다. 그래서 붙은 별명이 '인간 철교' 였다.

즐거움도 잠깐, 1년 전만 하더라도 해양경찰 특례조건이 있었는데 내가 갈 무렵 없어진 것이다. 항해사 자격증은 있었지만 배는 타지 않겠다고 마음먹었기에 큰형과 두어 달가량 건설현장에서 일하다가 졸업식을 마치고는 8개월간 고등어 잡이 배를 탔다. 그때는 뭐든 해야 하는 처지여서 하루도 한가로움을 즐겨본 적이 없었다. 그러고는 그해 징집영장이 나와서 입대했다.

• 거제의 부활

무작정 상경, 좌충우돌 청춘행진곡

●

●

1989년 11월, 스물두 살도 저물어가는 한겨울에 나는 입
대하여 군사훈련을 받았다. 훈련을 마치고 수도방위사령부
33단으로 자대 배치를 받았는데, 수도방위사령부는 청와대
외각 경호경비를 책임지는 최정예부대로서 30단과 33단이
중주이다.

난 그러한 자원 중에서도 청남대 대통령 별장을 지키는 338
병력(33단 8중대)으로 차출되었는데 나중에 자대배치에서 33단
106특공소대로 배치되어 단장 경호경비업무를 맡았다.

33단은 일주일간 별도로 신병교육을 실시했는데, 그 일주
일간의 교육이란 불사조의식을 심는 것으로 33단만의 전통이
었다. 일주일간 물을 주지 않고 그 고통을 참아내도록 했다.
참다못해 샤워장이나 화장실에서 몰래 한 모금씩 물을 마셨
다. 그러나 교관들은 가히 귀신이었다. 그럴 때마다 어떻게 알
았는지 어김없이 적발하여 단체 얼차려를 주었다. 무엇이 되

었든 한 사람이 잘못하면 전체가 얼차려를 받아야 했다.

흔히 군대에 가는 것을 두고 "썩으러 간다"지만 꼭 그런 것만도 아니었다. 규칙적인 생활과 식사 그리고 운동으로 건강한 신체를 단련하는 데는 그만이었다. 게으름을 피울 수 없으니 자연 부지런해졌다. 단체생활을 통해 모난 성격도 다듬어졌다. 종종 괴롭힘이나 구타도 당했지만 잠시 지나가는 일인데다가 그런 경우에 대처하는 지혜도 생겼다. 무엇보다 좋은 사람들을 많이 만나 좋은 인연을 맺었다. 전우애는 이해관계를 떠나 생긴 우정이라서 더욱 각별했다. 그때 부대 훈시가 있었다.

"무능한 지휘관은 적보다 무섭다!" 이 얼마나 무서운 말인가? 나는 군 생활 때 늘 이 말을 가슴에 품고 다닌 덕에 지금도 무능한 인간이 되지 않도록 끊임없이 각성하고 공부한다.

1992년 5월 14일, 군에서 제대하고 고향으로 돌아온 나는 귀향 이틀 만에 달랑 3만 원을 들고 상경하여 서울역에 내렸다. 마중을 나온 친구가 상경을 축하한다며 꽃다발을 내밀었다. 울진이 고향인 그는 군에서 사귄 친구로, 나와는 달리 서울 물정에 훤했다.

친구는 나를 자기 사는 보광동 빌라로 데려갔는데, 방 하나에 친구 몇 명이 함께 자며 짧았던 기간이지만 우린 그렇게 달콤한 청춘의 시간을 보냈다. 잠시나마 여유의 시간도 잠시, 먹고 살기 위해서는 돈을 벌어야 했다. 기술은 없고 젊음만 있었다.

어느 날 친구가 손수레를 마련하여 아가씨들을 상대로 귀걸이, 팔찌, 반지 등을 파는 액세서리 노점을 하자고 했다. 난 처음엔 반대했지만 결국 그렇게 하기로 했다. 처음에는 창피해서 얼굴이 화끈거렸지만 이내 익숙해져서 거침없이 호객행위도 하고 스스럼없이 농담까지 섞게 되었다. 하지만 고생하는 것 치고 벌이는 시원치 않았다. 그러고 있는데 그 친구는 자기 선배가 관리책임자로 있는 우이동 그린파크호텔 파친코에 나더러 같이 가자고 했다. 난 뭣 하러 그러는지도 모르고 친구를 따라 나섰다. 직업에는 귀천이 없다. 단 불법과 탈법만 하지 않으면 되고 타인의 눈물을 나의 돈벌이로 악용만 하지 않으면 된다고 마음먹고 있을 때였다. 그런 생활도 석 달을 했다. 파친코 아르바이트 벌이는 일당 10만 원꼴로 썩 괜찮았다. 공사장 숙련 일꾼 일당이 7만 원 하던 시절이었다. 파친코에서 나의 일은 손님들 잔심부름을 하거나 "○○번 손님, 시상금 ○○원!"이라고 크게 외쳐 배팅 분위기를 고조시키는 것 따위였다. 파친코의 본향인 일본 작가 다키모리 고토의 소설

《슬픔의 밑바닥에서 고양이가 가르쳐준 소중한 것》의 주인공은 몇 년째 파친코 종업원으로 일하는데 파친코는 "그럭저럭 지낼 만한 곳"으로 묘사된다. 당시 내게도 파친코는 그럭저럭 지낼 만한 곳은 되었지만 몇 년씩이나 지나도록 오래 일할 데는 아니라는 생각이 들었다.

제2차 세계대전 이후 일본인들은 핀볼 머신과 비슷한 직립형 도박 기계를 발명했는데, 기계에서 나는 소리를 본떠 '파친코'라고 이름붙인 것이다.

석 달 만에 파친코 아르바이트를 그만둔 나는 우리들의 우상인 형님과 함께 죽염竹鹽 장사를 하기도 했다. 당시에 "대통에 넣어 여덟 번 구운 소금"이라는 죽염 열풍이 불어 대단한 인기였다.

사실 죽염의 역사는 꽤 되었지만 "짠 것(소금)은 많이 먹으면 몸에 해롭다"는 고정관념에 가려 일찍이 빛을 보지 못했다. 그러다가 1987년 "좋은 소금이라면 건강에도 좋다"며 사업화를 시작한 인산가仁山家의 바람이 파문을 일으키더니 이윽고 거대한 태풍이 된 것이다. 인산가를 이룬 인산仁山 김일훈金一勳은 우리나라 죽염 개발의 효시로, 독립운동가이자 한의학자이다. 인산은 1909년 함경남도 홍원의 유의儒醫 집안에서 태

어나 일찍이 한의학을 자연스럽게 접했으며, 노론 화서학파華
西學派 스승의 문하에서 성리학을 배웠다.

화서학파는 화서 이항로李恒老를 태두로 형성된 조선 말기
의 대표적인 위정척사파로, 소중화(小中華)를 자처한 성리학의
근본주의 학파라 할 수 있다. 최익현崔益鉉, 김평묵金平默, 유중
교柳重敎 등이 화서의 사상을 이어받은 주요 제자들로, 흥선대
원군의 쇄국정책을 사상적으로 뒷받침했다. 이들은 1895년
을미사변(일제의 명성황후 살해 만행) 이후 한일병탄 직후까지 국
내외에서 항일의병운동을 펼쳤다. 이들의 반일운동은 구한말
민족주의운동의 큰 줄기를 이뤘으며, 일제강점기의 항일의병
부쟁을 수도하면서 국내외 독립운동에 중요한 영향을 끼쳤
다. 화서학파의 민족주의 항일사상의 영향을 받은 인산은,
1925년(17세)에 조선인 아이들을 괴롭히는 일본인 학생들을
때려눕히고는 만주로 망명하여 독립운동에 투신했다.

이후 만주에서 독립군의 일원으로 항일전투에 나섰다가 일
제경찰에 체포된 직후 경성부로 송환되어 서대문형무소에 수
감되었지만 오래지 않아 탈옥했다. 이후로는 해방 때까지 전
국의 산지를 숨어 다니며 약초 연구에 몰두하는 한편, 병명도
모른 채 죽어가는 숱한 가난한 민초들을 살려내 신의神醫로
불렸다.

해방 후에는 이승만 진영에 들어가 자유당 창당에 참여했으나 이내 낙담한 나머지 1952년 정계를 떠나 경남 함양에 은거했다. 이리하여 다행스럽게 이름을 더럽히기 전에 정치에서 발을 뺀 인산은 함양 산촌에서 가난한 환자들을 돌보는 한편 약초 연구 및 강연 활동에 전념했다. 이때 죽염 제조 기법을 개발하여 퍼뜨렸는데, 나중(1987년)에 둘째아들(김윤세)이 죽염 회사를 설립하여 사업화하면서 죽염의 효능이 대중매체를 타고 널리 알려져 열풍이 분 것이다. 인산은《신약본초神藥本草》, 《구세신방救世神方》 등의 의서를 남기고 1992년 84세를 일기로 영면했다.

사실 당시 인산의 강연 활동도 죽염 열풍에 크게 영향을 미쳤는데, 죽염이 약국이나 백화점 등에서 폭발적으로 팔려나가자 100여 개의 죽염업체가 우후죽순으로 난립한 나머지 품질이나 가격 등 여러 가지로 문제가 생겨 홍역을 치르기도 했다.

나는 바로 이 무렵에 형님과 친구 둘과 함께 죽염 장사를 한 것인데, 우리한테 넘어오는 제품 가격이 3만 7,000원인데 소비자 가격은 24만 원에 팔도록 했다. 엄청난 마진이었다. 당시의 경험으로 난 유통물품에 대한 시장질서의 속내를 알 수 있었다. 시세차가 큰 만큼 판매가 어렵다는 사실은 직감적으로 알 수 있다.

그래서 나는 꾀를 냈다. 중간 유통망을 만들어 조금 적게 먹고 대량유통을 하기로 계획을 세웠다. 미용실을 타깃으로 하여 돈 들이지 않고 판매원을 둔 것이다. 판매가 24만 원을 8만 원으로 대폭 낮추고 오로지 미용실에서만 판매하도록 한 것이다. 그런 전략은 적중하여 나는 석 달간 무려 3,000만 원어치를 팔았다. 같은 기간에 다른 친구들은 500만 원어치도 채 팔지 못했다. 그러니까 갯수로 치면, 다른 친구들이 1개를 팔 동안 나는 거의 20개를 판 것이다. 파친코에서 일할 때는 따로 거처가 주어져 잠잘 곳 걱정은 없었으나 죽염장사 할 때는 잠잘 곳이 문제였다. 당시 수유시상 옆에 사무실을 두었는데 퇴근하고 나면 사무실 바닥에 돗자리를 깔고 석 달을 생활했다. 돈도 없었지만 한 푼이라도 더 모으느라 아침은 거의 생략한 채 점심은 직장 상사에게 신세를 지고 저녁은 수유시장에서 돼지국밥을 사먹었다. 그러면 아침까지 든든했다.

사실 국에 밥을 말아먹는 탕반湯飯 문화는 조선시대 이전부터 있어 왔지만 주로 소고기 국밥이었다. 돼지국밥의 유래는 설이 다양하지만 돼지 뼈를 우려낸 육수에 고기와 밥을 마는 돼지국밥은 부산을 중심으로 한 영남 일대에 국한되었다가 1950년대 한국전쟁을 거치면서 널리 퍼진 것에 비춰보면, 전쟁의 북새통에 그나마 구하기 쉬운 돼지 부산물로 더 많은 사람이 후딱 먹을 수 있도록 설렁탕 비슷하게 끓여낸 것으로 보인다. 거제의 우리 동네에도 돼지국밥을 맛있게 말아내는 식당이 몇 군데 있었다.

그만큼 돼지국밥은 영남에서는 누구나 어디서든 즐겨 먹을 수 있는 음식으로 자리를 잡아 부산에는 돼지국밥 골목까지 있을 정도다. 만화가 허영만은 《식객食客》에서 "소 사골로 끓인 설렁탕이 잘 닦여진 길을 가는 모범생 같다면, 돼지국밥은 비포장도로를 달리는 반항아 같은 맛"이라고 표현했는가 하면, 돼지국밥 애호가라는 부산의 시인 최영철은 "돼지국밥을 먹으면 숨어 있던 야성이 깨어난다"고 했으니 같은 맥락이다.

그 무렵, 그러니까 상경한 이듬해 1993년 스물여섯 살 때였을 것이다. 군에서 의형제를 맺은 친구 둘과 나는 남대문에서 모여 삼국지《삼형제》(유비, 관우, 장비)의 도원결의를 본떠 의형제 의식을 한다며 단지로 피를 내어 섞어서는 나눠마셨다. 일로매진하여 반드시 성공해서는 10년 후 30대 중반쯤에는 폼나게 살아보자는 다짐이 있었다.

도원결의桃園結義 장면은 "황건적이 난을 일으키자 유주 관청에서는 군사를 모집하는 방문榜文을 내붙인다. 방문을 본

한실 종친 유비는 모병에 응하고 싶어도 힘이 부족함을 한하며 길게 탄식한다. 이때 장비를 만나는데, 그는 술을 팔고 도살을 업으로 삼은 백정이지만 천하의 호걸과 사귀기를 좋아하여 가재를 털어 돕기를 원한다. 두 사람이 주점에 들어가 술을 마시는데, 때마침 관우가 들어온다. 이에 그를 청하여 동석하니, 관우는 자기 고을의 힘깨나 쓰는 자를 죽이는 바람에 강호를 떠돌게 되었지만, 이제 모병에 응할 생각이라고 한다. 세 사람은 의기투합하고 지향하는 바가 같은지라 다음날 장비의 장원莊園 뒤편 복사꽃이 만발한 동산에서 검은 소와 흰 말을 잡아 천지에 제사지내고 형제의 의를 맺는다. 이들은 '한마음으로 협력하여 곤경에 빠진 자를 구하고 위기에 처한 이를 도우며, 위로는 나라에 보답하고 아래로는 백성들을 편안하게 하고자 한다. 같은 날에 나기를 구하지 않았지만, 오직 같은 날에 죽기를 바랄 뿐' 이라는 서원誓願을 세운다. 이로부터 세 사람은 어려움을 함께하며 죽음에 이를 때까지 변치 않는다" 는 것이다. 내가 일찍이 영웅전을 좋아하여 두루 읽은 덕분에 이 장면을 떠올리며 의형제 의식을 치른 것이다.

그 이듬해인 1994년 2월, 나는 강북의 한 재건축사업추진위원회 총무로 일하게 되었다. 월계시흥아파트 2,610세대 재건축조합을 결성하여 시행하는 사업이었으니 당시로서는 규모가 엄청났다. 나는 이후 조합 고유 업무보다는 법률 공부를 더 많이 해야 했다. 이미 80퍼센트가 넘는 조합원들의 동의서를 받는 등 일이 순조롭게 진행되는 가운데, 사업의 이권을 노린 유력한 반대세력이 불시에 급습하여 서류를 탈취한 것을 시작으로 무고를 일삼은 나머지 50여 건의 민·형사 소송에 시달려야 했기 때문이다. 나는 법대생보다 더 치열하게 법률 공부를 해가며 총무로서 맞서 싸웠으나 우리가 끝내 패소하는 걸 지켜봐야 했다.

1997년 5월까지 재판이 이어졌고, 최종 선고는 1999년에 가서야 이루어졌다. 나는 그 긴 소송을 겪는 동안 너무나 많은 것을 배웠다. 행정과 법 그리고 재판에서는 정의가 중요하다는 사실을 알게 되었다. 그래서 사기꾼들이 판을 치는 선량한 시골사람들을 속여 땅을 빼앗거나 남의 선산 문중 땅을 몰래 팔아 먹었다는 언론 보도를 심심찮게 볼 수 있다.

난 그때의 경험 때문에 지금도 버릇처럼 메모쪽지도 쉽게 버리지 않는다. 나는 그렇게 온갖 직업을 전전하며 20대 중반의 청춘을 보냈다. 그러면서도 열심히 몸을 단련하여 한때는 경호원의 꿈을 이루고자 무던히도 애썼지만 꿈은 잡힐 듯 말 듯 애만 태우다 끝내 손가락 사이로 빠져나가 버렸다. 지금 보니 1992~1995년의 내 일기는 그렇게 덧없이 청춘을 허비하는 안타까움으로 가득했다.

나는 이런 나의 고단하고 파란만장한 청춘의 시기를 무사히 건너기 위해 일찍이 "안주安住는 곧 죽음이요, 용기勇氣는 욕망을 자제하는 힘" 이라는 캐치프레이즈를 삶의 지렛대로 삼았다. 그때가 멸치잡이 배를 타고 바다를 떠돈 열일곱 사춘기 때였으니 조숙한 셈이다.

꿈을 이뤄 가난을 벗어나야 했으니 한시도 쉬어서는 안 된다고 생각했다. 그러면서 늘 내 욕망을 제어하고 바른 길을 걷고자 노력했다. 고등학생 때는 특이하게도 영웅전을 즐겨 읽으면서 더불어 불교경전을 책이 닳도록 읽었다.

나중에 여의도 정당조직에서도 고졸 출신으로 살아남아야 하니 더욱 안주할 수 없었다. 배경 좋고 학벌 높은 다른 사람들보다 몇 배 더 노력하지 않으면 따라갈 수 없으니, 한시도 쉴 수 없었다. 그래서 나중에 서울시의원에 당선되어서도 의정활동과 더불어 다니던 야간대학 4년을 온전히 공부하여 마친 것이다. 이에 만족하지 않고, 재선으로 더욱 바빠진 와중에도 의원으로서 전문성을 배가하기 위해 대학원까지 마쳤으니, 나들 혀를 내둘렀다.

PART **3**

나의
정치,
세상을 바꾸는 길

서울시는 어느 지자체보다 탄탄한 시민조직이
견제세력으로 성장해 있는데다가
박원순 시장이 취임한 이후로 여러 면에서
앞서가는 행정체계를 구축하고 있어
다른 지자체에서 벤치마킹할 요소가 많다.
이런 서울시에서의 의정활동 8년의 경험은
지자체장으로서 행정을 펴는 데
무엇보다 큰 자산이 될 수 있다.
나의 정치는 이미 이룬 성취에 안주하지 않고,
세상을 바꾸는 길로 나아갈 것이다.
그 길이 아무리 험할지라도 마다하지 않을 것이다.

돈을 버는 길 대신 세상을 바꾸는 길로 들어서다

●

●

청운의 꿈을 안고 상경한 지 5년 만인 1997년, 대통령 선거 운동을 앞두고 나는 새정치국민회의 김대중 후보 수행팀에 발탁되었다. 수행팀은 선거가 끝날 때까지 후보를 밀착 수행하여 경호하는 일이 핵심 역할이었다.

김대중은 1992년 5월 제14대 대통령선거 민주당 후보로 선출되었다. 여당인 민주자유당 후보는 김영삼, 통일국민당 후보는 정주영으로 3자 대결구도가 형성되었다. 이렇게 되기까지는 우여곡절이 있었다.

1987년 6월 항쟁으로 국민의 민주화 요구가 거세게 분출하면서 대통령 직선제 개헌이 이루어지고, 제13대 대통령선거에서 민주정의당은 노태우 후보를 내세워 승리했다. 그러나 이어 치러진 4.26총선에서는 참패하여 여소야대의 4당 체제(민정당 125석, 평민당 87석, 민주당 59석, 공화당 35석)가 구축되면서 위기에 봉착했다. 이에 1990년 1월 22일 민정당의 노태우, 민주당의 김영삼, 공화당의 김종필이 3당 합당에 합의하여 민주자유당(민자당)을 출범시켰다. 이로써 개헌안 결의까지도 가능한 218석의 초거대 여당이 출현했다. 3당 합당은 여소야대 체제에서 추진되어온 개혁을 좌절시키고 호남을 고립시킴으로써 우리 국민을 지역에 근거한 호남 대 비호남으로 찢어놓았다.

민자당은 이후 정국의 주도권을 행사했지만 1992년 제14대 총선에서 계파 간의 갈등으로 낙천 인사들이 무소속으로 출마하거나 통일국민당(총선에서 돌풍을 일으켜 31석을 차지해 원내 교섭단체 구성에 성공했다) 공천을 받은 여파로 과반에도 못 미치는 패배를 당했다. 당시 대통령 노태우는 처고종사촌동생 박철언을 후계자로 내세우려 했지만 김영삼의 거센 반발로 실패하고 결국 김영삼을 후계자로 지목해야 했다.

그해 12월에 치러진 대통령선거에서 낙선한 김대중은 정계은퇴를 발표하고 이듬해 1월에 영국으로 떠났다. 케임브리지대학에서 객원교수로 활동하던 그는 1993년 7월 귀국하여 이듬해 12월 아시아태평양평화재단(아태재단)을 설립하고 이사장에 취임했다. 김영삼 정부의 계속된 실정 가운데 정계 복귀의 기회를 엿보고 있던 김대중에게 민주당의 1995년 6.27 지방선거 대승은 결정적인 실마리가 되었다. 곧이어 7월, 김대

중은 정계 복귀를 선언하고 민주당 탈당파를 수습하여 새정
치국민회의를 창당했다.

그러나 새정치국민회의가 1996년 치러진 총선에서 민주계
의 분열로 80석에도 못 미치는 패배를 당하자 김대중의 대권
가도에도 빨간불이 들어왔다(무엇보다 수도권에서 20 : 54로 크게 밀
린 것이 상처가 컸다). 그래서 후보를 교체하자는 제3후보론이 거
론되기도 했지만 전당대회를 통해 결국 김대중을 새정치국민
회의 대통령 후보로 최종 확정했다.

당시 신한국당 이회창 후보의 지지율이 50퍼센트에 육박하
면서 '이회창 대세론'이 힘을 얻고 있었다. 이에 김대중은 자
유민주연합(자민련) 김종필 후보와 대통령 후보 단일화에 성공
한데다가 한나라당의 분열(대통령 후보 경선 결과에 불복한 이인제
후보가 탈당하여 국민신당으로 출마)로 점차 지지율을 따라잡는 반
전의 흐름을 탔다. 이회창 후보의 장남 병역 기피 의혹 제기에
이어 결정적으로 대선을 코앞에 두고 IMF관리체제를 부른 외
환위기가 닥쳐 이회창 후보를 가까스로 물리치고 대통령에
당선되었다. 불과 39만여 표 차이였다.

선거가 끝나고 김대중 후보의 당선이 확정된 이후 수행팀
에서 두 명이 청와대 경호실로 갈 수 있게 되었다. 나는 여러

가지 자격 조건상 1순위였다. 거제도 집에 면장과 경찰서장이 어머니를 뵙겠다며 찾아왔다고 했다. 청와대에서 신원조회를 한다고 연락이 왔다는 것이다. 나는 가부간에 판단을 내려야 했다.

나는 여러 모로 숙고한 끝에 청와대 경호실 대신 국정원으로 가겠다고 마음먹었다. 행정직이 좋겠다는 생각이었다. 그렇게 마음의 결정을 하고 국정원에 갈 계획으로 준비를 하던 중에 생각지도 못한 난관에 직면했다. 국정원은 전문직이어서 나처럼 전문지식이 없는 사람은 들어갈 방도가 없다는 것이었다. 그래서 중앙당 사무처로 가기로 했다. 그때 내 생각에 경호원은 몸이 재산인데 아무리 관리를 잘 한다 해도 나이 마흔이 넘으면 할 수 없을 것 같다는 생각이 들었다. 내가 포기한 덕분에 내 친구에 더해 후배 하나가 청와대로 갈 수 있었다. 선택의 갈림길에서는 늘 타이밍이 관건이다. 나는 '청와대 경호원'이라는 당장 솔깃한 자리에 혹하지 않고 더 먼 미래를 겨눠보고 나의 선택지를 결정했다.

그런데 내가 중앙당 사무처의 높은 면접 관문을 넘어 합격한 데는 아내의 도움이 컸다. 내가 아내를 만난 건 참으로 우연이었다. 내가 앞서 말한 재건축조합 총무로 있을 무렵인 1997년 6월, 막역한 친구로부터 부탁 전화가 왔다. 새정치국민회의 중앙당 사무처 여성 간부 세 명이 거제도로 1박 2일 여름휴가를 가는데, 우리 큰아버지 집의 별채를 쓰도록 해달라는 것이었다. 그녀들은 떠나는 날 점심을 우리 집에 와서 먹었는데, 그녀들 가운데 한 사람이 우리 집 음식이 그리도 맛있었다고 한다. 그녀가 바로 지금의 아내다. 한 번도 보지 못한 아내를 한 달 뒤에 63빌딩 지하 음식점에서 만나게 된다. 나는 그새 김대중 후보 수행팀에 들어간 덕분에 여의도에서 그녀를 볼 수 있었다. 우리는 곧 친구가 되었다. 대선이 끝나 내가 다시 백수가 된 뒤로는 그녀가 나를 데리고 다니며 밥도 사주고 영화도 보여주고 그랬다. 나는 그녀를 집에 바래다주면서 올 때는 뻔뻔스럽게도 택시비를 받아오기도 했다.

그러는 중에 1998년 5월, 중앙당 사무처 당직자 제1기 공채 면접시험을 치르게 되었다. 그녀는 내게 김대중 자서전을 건네주며 면접 전에 꼭 읽어보라고 했다. 거기 보니 '햇볕정책'이 자세히 설명되어 있었다. 당시 면접관이 윤철상 수석사무부총장과 한화갑 원내총무였다. 면접 내용은 각기 달랐다. 한화갑 면접관은 내게 '햇볕정책'을 아느냐고 물었다. 나는 기다렸다는 듯이 청산유수로 줄줄 꿰었다. 나는 고졸에 경상도 출신이라는 핸디캡을 딛고 당당하게 합격했다. 나는 그날 그녀가 업어주고 싶도록 고마웠다. 사무처 동료가 된 우리는 우리도 모르는 새에 한층 가까워졌다.

그해 추석, 고향에 내려가기도 여의치 않고 달리 할 일도 없던 나는 내리 사흘을 당직을 서기로 자청했다. 당시 휴일 당직 수당은 평일의 두 배였다. 연휴라서 사흘 주야를 아우르는 당직이라서 수당이 꽤 되었다. 그렇게 하릴없이 당직실에 박혀 있는데, 추석 차례를 지낸 그녀가 음식을 바리바리 싸들고 찾아왔다. 그런 그녀가 여느 날보다 유달리 사랑스러웠다. 문득 반농담조로 우리 결혼할까, 했더니 그녀가 대뜸 그러자고 해서 바로 그녀 집으로 인사를 드리러 갔다. 그해 12월 13일, 국회 예식장에서 결혼식을 올린 우리는 가난한 신혼살림을 차렸다.

그러기까지는 사연도 많고 곡절도 많았다. 앞서 얘기한 추석 때, 당직을 서다가 청혼을 하고, 그날 당장 인사를 드리러 찾아갔을 때의 일이다.

갑작스레 예고도 없이 찾아가자 처가에 난리가 났다. 한 번도 연애한다는 눈치조차 내비친 적이 없는 큰딸이 어느 날 느닷없이 허우대가 멀쩡하고 훤칠한 사내를 집에 데리고 왔으니 얼마나 놀랐겠는가.

제주도 신혼여행에서 아내와 함께

　장인어른과 처남은 처음에는 맥주를 대작하다가 술이 동나자 막걸리를 사오라 해서 몇 병 더 마셨다. 밤이 늦자 나는 하룻밤 재워달라고 해서 잤다. 다음날 집을 나서면서 장모님께 이틀 후 결혼날짜를 잡아오겠다고 말씀드리고 그해 12월 6일과 13일 두 개의 날짜를 가지고 왔다.

　어른들이 다 그러했듯이 좋은 날짜를 보겠다고 결혼일은 넘기라고 했다. 난 대뜸 호주머니에서 500원짜리 동전을 꺼내들고 장모님께 "이 동전을 던져 500이 나오면 6일, 학 그림이 나오면 13일로 정하겠다" 고 말씀드리고 동전을 던졌다. 학이 나왔다. 그날이 결혼기념일이다. 아내는 가끔 "나는 500원에 시집간 사람" 이라고 말한다.

• 거제의 부활

나는 중앙당 사무처로 행선지를 정함으로써 사실상 정계에 입문했다. 1998년 당시 중앙당 사무처 당직자는 250여 명이었다. 총무 · 조직 · 기획 · 홍보 · 정책 · 대변인 등 많은 조직 중에서도 조직국 선호도가 가장 높았다. 다들 언젠가는 공천을 받아 정치 일선으로 나서는 꿈을 꾸었으므로 정치 일선과 가까운 순으로 인기가 좋을 수밖에 없었다.

나도 당연히 조직국에서 속하기를 바랐지만 총무국으로 발령이 났다. 게다가 당초 부장 직급으로 이야기가 되었는데 차장으로 직급이 떨어졌다(아마도 고졸이라서 그런 것 같았다). 총무국은 관리부와 시설부로 구성되었는데, 나는 시설부 차장으로 사무처의 모든 집기와 기기의 관리를 담당했다.

중앙당 사무처 직원 시절, 국회에서

중앙당 사무처 직원 시절, 농촌봉사활동

그러나 총무국 직원은 맡은 일만 하는 게 아니었다. 선거 때면 조직국에 파견되어 선거운동을 관리하고 지원하는 등 선거 업무에 매달려야 했다. 10여 년간 당직자 생활을 하다 보니 선거에 관해서는 거의 모든 일을 경험하게 되었다. 경험이 쌓이면서 안목이 높아지고 정치를 보는 눈이 깊어졌다. 총무 · 조직 · 정책 · 청년 · 직능 등의 업무를 수행하면서 선거 총괄 역량을 갖추게 되었다. 그때는 이미 내게는 소속 부서가 큰 의미가 없게 되었다. 어느새 나는 중앙당 선거총괄업무에서 핵심 멤버가 되어 있었다. 다른 사람들보다 두세 배는 더 노력한 대가였다.

1999년 나는 중앙당 정책위 심의위원으로 있을 때 해양수

• 거제의 부활

산부 장관이던 노무현을 만났다. 그 무렵 해양수산부는 중장기 정책 용역을 맡긴 '100대 과제'를 받아들고 중앙당 정책위에 우선순위를 정해달라고 의뢰했는데, 노 장관은 나를 보더니 "문상모 위원님, 잘 좀 선정해주세요"라며 특유의 미소를 지었다. 나는 이후 노무현에 호감을 갖고 좀 더 깊이 있게 바라보기 시작했다.

2002년, 대선을 앞두고 새천년민주당(새정치국민회의 후신) 후보 경선이 시작되었다. 8명의 후보가 나섰는데, 출발도 하기 전에 '이인제 대세론'이 기승을 부렸다. 그래서인지 당시 중앙당 사무처 당직자 250명 중에 이인제 후보 쪽의 지지분포도가 절대다수인 데 반해 노무현 후보 쪽은 10명도 채 되지 않았다. 일부 관망파가 있었지만 그리 많지는 않았다.

내가 보기에 이인제 후보는 경선에서는 이기겠지만 본선에서는 안 될 것 같았고, 노무현 후보는 경선에서만 이긴다면 본선은 이길 것 같았다. 나는 미래를 선택했지만 꼭 그것이 아니라도 노무현 후보의 참여민주주의 정치철학과 견리사의見利思義에 입각한 정치행보에 깊이 공감하고 있던 터였다.

나는 당시 당 선관위 공명선거관리위원으로 경선을 관리하는 위치여서 엄정 중립을 지켜야 했지만 내심 노무현 후보를 지지했다. 1차 제주 경선에서 이인제 후보가 한화갑 후보에 이어 2위에 그치고, 노무현 후보가 일약 3위에 오르며 파란을 예고했다. 그러자 초조해진 이인제 후보 캠프에서 2차 울산 경선 때 무리수를 두었다. 캠프에서 선거인단에 점심 향응을 제공하고 금품을 살포한다고 오마이뉴스 윤성효 기자가 제보를 했다. 현장에서 금품을 제공한 사람과 제공받은 당원을 잡았다. 현행범이다. 선관위 사무실에서 조사를 하는데 당시 이인제 후보 진영의 모 국회의원이 조사를 멈추라는 협박을 했다. 그럴 수 없었다. 공명선거관리위원으로서 엄정하게 조사하여 증거를 확보하고 오마이뉴스 윤성효 기자를 통해 다시 사실을 공개했다. 나는 선배와 함께 그 일로 린치를 당할까 염려되어 한동안 피해 다녀야 했다. 그러나 우리는 결국 청주 경선 현장에서 이인제 후보 진영 운동원들에게 린치를 당해 일주일이나 입원해야 했다.

울산에서 1위를 차지한 노무현 후보는 합계에서도 1위에 오른 기세를 살려 3차 광주 경선에서도 1위를 차지함으로써 사실상 대세를 결정지었다. 누구도 예상하지 못한 파란이었고 대반전이었다.

· 거제의 부활

무작정 상경 18년만에 서울시의원이 되어

●

●

나는 중앙당 사무처 직원으로 입사하고 13년을 기다려 마침내 정치인의 꿈을 이뤘다. 2010년 6월 2일 제5회 전국동시지방선거에서 나는 서울특별시의회 광역의원 노원2선거구 민주당 후보로 당선된 것이다.

나는 2008년 10월 당 사무처를 사직하고, 그해 대학입시를 치러 서울산업대학교(현 서울과학기술대학교) 야간학부 행정학과에 합격했다. 2009년 뒤늦게 대학에 다니던 나는 노원구 지구당위원장인 정봉주 의원을 만나 정치 소신을 피력하고 서울특별시광역의원에 출마하기로 했다. 선거 두 달을 남겨놓고 노원 1선거구에서 2선거구로 바뀌는 상황도 감수해야 했다. 더구나 한나라당 현역 의원은 여러 면에서 앞서 있었다. 민주당 지지율도 썩 높지 않아서 그 덕을 볼 수도 없었다. 현역 프리미엄, 학벌, 지역기반 등을 고려할 때 나는 이미 적어도 수천 표는 밑지고 들어가는 선거였다.

그래서 나는 최대한의 연고자를 찾아 현역의원과 일대일의 조직력을 갖추는 것이 1차적인 목표였다. 선택과 집중 전략을 구사했다. 어디를 가든 확실하게 감동을 주어 그 감동이 주위를 물들게 하는 것이다.

가령, 조기축구회를 찾아간다 하면 상대 후보는 그저 눈도장만 찍고는 가기 바쁜 데 반해 나는 그들과 하루 종일 어울려 공을 차고 막걸리 잔을 기울이며 그 사람들 얘기를 다 들어주었다. 그러면 그 '미담'이 노원구 온 조기축구회에 다 퍼져서는 내가 꼬박 일주일을 돌아다녀도 다 못할 선거운동을 확실하게 해주었을 뿐만 아니라 그렇게 경청한 바닥 여론은 나중에 의정활동에도 큰 도움을 주었다.

그리고 나는 동네의 성향에 맞춰 맞춤형 선거 전략을 구사했다. 가령, 공릉동은 육사가 있는 동네였으므로 수도방위사령부에서 하사로 근무한 경력을 어필했다. 그래서 그 동네 주민들과는 '수방사 아저씨'로 불리며 금세 친해졌다.

나의 이런 선거운동이 주효했는지, 나는 그처럼 불리한 여건을 극복하고 3,400여 표 차이로 비교적 여유롭게 당선되었다. 정치지망생 문상모의 저력을 확실하게 보여준 셈이었다. 나 자신조차도 놀랐으니 반신반의하던 사람들이 놀라는 것은 당연했다.

∙ 거제의 부활

6·2선거는 지자체의 교육감 및 교육의원을 처음으로 직접 선출하는 선거이기도 했다. 민주당은 사회서비스 일자리 100만여 개 창출, 비정규직 지원 강화, 중소기업·자영업자에 대한 지원 강화, 교사 및 경찰·소방 공무원 등 공공부문 인력 충원, 정부의 재정지출을 통한 직접 일자리 창출 등의 방안을 제시했다. 무엇보다 대형 마트, SSM 허가제를 관철시켜 중소 자영업자를 보호하겠다는 공약은 약자가 생존할 수 있도록 사회경제 정의를 세우겠다는 의지의 발로였다.

사실 이런 공약은 진보 보수를 떠나 공존을 위한 최소한의 사회적 안전장치를 마련하자는 취지에 불과하지만 기득권세력을 업고 출범한 이명박, 박근혜 정권에서는 어림도 없는 일이었다. 스스로 내건 공약마저도 헌신짝처럼 저버리는 저들이 아무리 좋은 공약인들 차용할 리 만무했다.

특히 서울특별시장 선거는 개표 도중 득표 순위가 네 번이나 뒤바뀔 정도로 엎치락뒤치락 치열한 접전이었다. 초박빙의 접전 끝에 오세훈 후보가 한명숙 후보에 3만여 표차로 승리했다. 이렇게 서울시장은 여당이 차지했지만 서울특별시의회는 민주당이 압승해 여소야대 구도가 되었다.

민주당은 서울특별시광역의회 선거에서 종로·중구와 강남 3구, 성동·중랑 일부 선거구를 제외하고 내가 출마한 노원구를 비롯해 거의 모든 선거구(106석 중 79석)에서 승리했다. 이리하여 서울특별시의회 의석의 3분의 2 이상을 차지한 민주당은 서울 시정의 막중한 권한과 책임이 있는 주체가 되었다. 이는 그에 속한 의원 개개인에게도 그만큼 책임감이 따른다는 의미다.

마침내 서울시의회 의정 단상에 서다

서울특별시의회에 진출한 나는 활동 상임위원회로 문화관광위원회를 선택했다. 군사강국이나 경제강국보다 진정으로 부강한 나라는 문화강국이라는 백범 김구 선생의 문화강국론에 공감하는 바가 컸기 때문이다.

백범은 평생을 풍찬노숙의 독립운동에 헌신했으면서도 어

・거제의 부활

떻게 백년 앞을 내다보는 그런 탁월한 식견과 혜안을 갖게 되었을까, 생각하니 절로 경외감이 일었다. 이제 막 해방되어 먹고 살 일부터 걱정해야 하는, 그래서 다들 경제, 경제, 하던 시절에 백범은 문화의 위대함을 꿰뚫어보고 문화국가 건설을 역설했으니, 가히 선지자였다.

나는 우리나라가 세계에서 가장 아름다운 나라가 되기를 원한다. 가장 부강한 나라가 되기를 원하는 것은 아니다. 내가 남의 침략에 가슴이 아팠으니, 내 나라가 남을 침략하는 것을 원치 아니한다. 우리의 부력(富力)은 우리의 생활을 풍족히 할 만하고, 우리의 강력(强力)은 남의 침략을 막을 만하면 족하다. 오직 한없이 가지고 싶은 것은 높은 문화의 힘이나. 문화의 힘은 우리 자신을 행복하게 하고, 나아가서 남에게 행복을 주겠기 때문이다.

지금 인류에게 부족한 것은 무력도 아니오, 경제력도 아니다. 자연과학의 힘은 아무리 많아도 좋으나, 인류 전체로 보면 현재의 자연과학만 가지고도 편안히 살아가기에 넉넉하다.

인류가 현재에 불행한 근본 이유는 인의(仁義)가 부족하고, 자비(慈悲)가 부족하고, 사랑이 부족한 때문이다. 이 마음만 발달되면 현재의 물질력으로 20억이 다 편안히 살아갈 수 있을 것이다. 인류의 이 정신을 배양하는 것은 오직 문화이다.

나는 우리나라가 남의 것을 모방하는 나라가 되지 말고, 이러한 높은 문화의 근원이 되고, 목표가 되고, 모범이 되기를 바란다. 그래서 진정한 세계의 평화가 우리나라에서, 우리나라로 말미암아서 세계에 실현되기를 원한다.

《백범일지》 말미에 '나의 소원' 가운데 〈내가 원하는 나라〉에서 피력한 '문화강국론' 이다. 《백범일지》는 상편과 하편 그리고 해방 후에 쓴 '나의 소원' 으로 구성되어 있다. 상편은 두 아들에게 쓴 편지 형식으로 그 머리말이 1929년 5월 3일 상하이에서 쓴 것으로 되어 있고, 책 서두에 실린 〈저자의 말〉은 1947년 개천절에 쓴 것으로 되어 있으니, 《백범일지》는 거의 20년에 걸쳐 완성된 것으로 보인다. 그런데 춘원 이광수가 "속죄의 마음으로(국한문 혼용으로 쓰인)" 《백범일지》를 당대의 문체나 문법체계에 맞도록 윤문하는 과정에서 부록 격인 '나의 소원' 에 적극 개입했을 가능성을 제기하는 전문가도 있지만, 설령 그렇다 하더라도 백범이 문화강국론을 제시했다는 사실 자체를 부정하는 것은 아닐 것이다.

백범은 문화국가를 "여러 가지 나무가 어울려서 위대한 산림의 아름다움을 이루고 백 가지 꽃이 섞여 피어서 봄 뜰의 풍성한 경치를 이루는 것" 이라고 설파한다. 그러므로 "문화국가에서는 자유가 그 무엇보다 필요" 하다. 획일적인 체제, 즉 "독재체제에서도 문화는 존재하지만 그런 문화는 문화의 본질인

다양성이 실종된 죽어 있는 문화"이다. 그래서 백범은 "자유의 나라에서만 인류의 가장 크고 가장 높은 문화가 발생할 것"이라고 설파한 것이다.

또 이런 백범의 사상과 같은 거창한 이유가 아니라도, 어느 사회 어느 국가든 마지막에는 목표를 '문화의 융성'으로 상정할 것이기 때문이다. 한마디로, 앞으로 가장 할 일이 많아지는 분야라고 생각한 것이다.

내가 속한 서울특별시 8대 의회 상임위원회는 명칭이 '문화관광위원회'였다. 나는 상임위 회의에서 문제를 제기했다. "국회 상임위원회노 '체육'이 있는데 왜 서울시의회는 '체육'이 없느냐"고 문제를 제기하고, 상임위원회 명칭부터 바꿀 것을 요구했다. 나의 당연한 문제 제기로 문화관광위원회는 결국 '문화체육관광위원회'가 되었다. 이로써 나는 스스로 운신의 폭을 한결 넓혔다. 의회 활동을 하는 데 '체육'이 들어가고 안 들어가고의 차이는 컸다.

그러나 공부할 것도 그만큼 많아졌다. 자리는 깔았는데, 거기에 내용을 채우려면 그 분야에 정통해야 했다. 나는 서울시 체육진흥과를 체육국으로 격상시켜 과를 하나 더 늘리고, 그에 따라 예산도 두 배로 늘리겠다고 시작한 일이었다. 이는 녹록치 않은 일로, 체계적인 공부를 필요로 했다. 나는 애초에 학벌도 학연도 없는 섬마을 고졸 출신으로, 요즘 말로 흙수저 아니 무수저로 몸을 일으킨 터여서 무엇이든 실력으로 보여주지 않으면 아무것도 할 수 없었다. 그래서 나의 정치는 늘 치열했고, 답답할 정도로 성실하지 않으면 안 되었다.

나는 가능한 모든 방법을 강구하여 '체육' 관련 공부를 시작했다. 재선 국회의원인 안민석 의원의 수석보좌관을 서울시의회에 초빙하여 두 달 동안 과외를 받는 한편 최고로 체육에 정통한 열정적인 학자들을 만나 특별교육을 받았다.

늘 치열했던 나의 의정활동

나는 그렇게 서울시 나아가 우리나라 체육행정과 일선 체육

　　　　　　　　　　　　　　　• 거제의 부활

현장의 실태를 하나하나 파악해나갔다. 일선 체육 지도자, 일선 학교 체육 실태, 학부모와 코치 그리고 선수, 지역사회의 생활체육 현장, 체육용품점과 마케팅, 국제 스포츠 이벤트 실태, 축구장을 비롯한 각종 체육시설물 실태 등을 파악하면서 개선해야 할 점을 짚어냈다.

문화 · 체육 분야의 의정활동에 헌신한 내력

●

●

　당시 각종 체육회는 연맹이든 협회든 그 수장이나 간부들이 만세토록 자리를 지키려고 한 통에 썩어갔다. 수장이 되면 단체 재원을 마련하기 위해 으레 권력과 결탁해야 하는 것으로 되어 있었다. 그러다 보니 단체 설립 목적은 간 데 없고 자리 유지를 위한 친위조직만 남게 되었다. 그러니 그런 단체가 보조금만 받아먹었지 제 역할을 할 리 만무했다.

　서울의 체육행정을 책임지는 체육진흥과는 관리에는 손을 놓고 있었고, 3개 체육단체(엘리트체육, 생활체육, 장애인체육)는 막대한 예산을 사용하면서도 구멍가게를 운영하듯 체계도 없이 주먹구구식으로 운영되고 있었다. 그러니 예산이 즉흥적으로 전용되고, 그에 따른 공금 유용과 같은 각종 비리가 판을 쳤다. 형평에 어긋나는 예산 배정이나 관리 부실로 인한 예산 낭비도 비일비재했다.

문화체육관광위원회 주최 워크숍 사회를 보고 있는 모습

나는 서울시 행정 감사를 실시하기 전에 국회를 통해 다른 시도 체육회 관련 자료를 먼저 확보했다. 다른 시도의 문제를 파악하여 언론을 통해 먼저 부각시킨 다음 그 일련의 과정으로 서울시의 문제를 다루는 전략을 세운 것이다. 이번 참에 빠짐없이 문제를 파악하여 뜯어고칠 요량이었다. 그래서 치밀하게 기획하여 제보 루트도 다양하게 확보했다.

나의 전략은 적중했다. 언론이 적극적으로 나서주고 많은 제보가 들어왔다. 카르텔을 형성한 채 부당한 기득권을 누리던 세력은 불안해하고, 그들에 볼모로 잡힌 공무원들은 힘들어했다. 기득권 세력은 정상화의 물길을 되돌리고자 회유와 협박을 일삼았지만 나는 끄덕도 하지 않았다. 오로지 체육을 그 주체인 체육인에게 돌려주겠다는 나의 확고한 의지를 누구도 꺾을 수 없었다. 적어도 나의 정치는 뒤에서 협잡을 일삼는 것은 아니었으므로, 그 숱한 협잡 제의에도 눈도 깜박 않고 오로지 시민만을 바라보았다. 그렇게 인고의 4년을 보낸 덕분에 서울시의 체육은 조금씩 정상화되어갔다.

나는 장애인 체육 문제에도 관심을 가져 비합리적인 제도를 개선하고자 노력했다. 사실 장애인 문제는 이전부터 진지하게 관심을 갖게 된 계기가 있었다.

2006년인가, 중앙당 사무처 당직자 시절 나는 장애인문화협회 회장에게 서류를 받을 일이 생겼는데, 내가 협회로 직접 받으러 가겠다고 했다. 그래놓고 생각해보니 거기 가면 아무래도 언행을 조심해야겠다는 생각이 들어 미리 주의할 점을 알아보아 가슴에 새겼다.

조심하려는 마음이 앞서니 협회에 가서 아무래도 긴장된 모습을 내비친 모양이었다. 협회장은 그런 나의 경직된 속내를 금세 알아보고는 빙긋이 웃으며 편하게 대하시라고 했다. 그러면서 언행을 조심해야겠다고 생각하는 것 자체가 편견이며 오히려 장애인들을 불편하게 한다고 넌지시 일러주었다.

내가 뭐라도 도울 것이 있나 싶어 뭘 도와드릴까요, 하자 협회의 정책자문을 맡아달라고 했다. 그래서 이후로 10년간 장애인문화협회 정책자문위원장 역할을 수행하면서 장애인 관련 정책을 더 깊이 연구하고 관여하게 되었다.

나는 서울시의회에 입성한 이후 서울시 직장운동부 선수와 장애인 직장운동부선수가 받는 보수와 보수 규정이 다르다는 사실을 알게 되었다. 심각한 차별을 받고 있다는 사실을 알고 이를 개선하기 위해 노력했다. 비장애인은 A-B-C-D 4등급에 평균 연봉이 5,000만 원인 데 비해 장애인은 A-B-C-D-E 5등급에 평균 연봉이 2,000만~2,500만 원에 불과했다. 이런 것을 2011년에 장애인도 똑같이 4등급으로 간소화하고 연봉 차이도 30퍼센트 수준으로 줄이는 성과를 보았다.

나는 체육계의 문제에만 한정하지 않고 문화 전반으로 의정 활동의 영역을 넓혀 문제를 제기하는 가운데 적잖은 성과를 보았다.

정도定都 600년이 넘었다는 역사 도시가 내놓는다는 것이 고작 남산타워나 63빌딩, 롯데타워 아니면 쇼핑몰이다. 역사 유적은 빌딩 숲에 가려 겨우 명맥이나 이어가면 다행이고, 전통문화는 원형이 훼손된 채 상업화되어서 그저 호기심이나 채워주는 심심풀이 눈요기에 머물러 있다. 게다가 각종 상징물과 안내판은 오류투성이로 거듭되는 지적에도 좀처럼 바로

잡히지 않고, 문화재의 복구·복원 작업에도 밥그릇 싸움이 끼어들어 엉터리로 진행되고 눈 가리고 아웅 하는 경우가 허다했다.

그런 것은 다 대충주의에 물든 탁상행정, 여론을 호도하는 전시행정에 기인한 것이어서 상당히 구조화되어 있었다. 이런 폐단의 대표적인 종합세트가 바로 숭례문이다. 먼저 2008년 2월 11일자 중앙일보는 숭례문이 불타게 된 원인을 제공한 서울시의 전시행정을 지적하고 있다.

서울시가 문화재청의 반대에도 불구하고 국보 제1호 숭례문에 대한 치밀한 문화재 방재시설을 확보하지 않고 밀어붙이기식으로 숭례문을 개방한 것으로 드러났다.

시민들에게 뭔가 한 건 보여주려 한 서울시의 무리한 선심성 전시행정과 문화재 당국의 무책임에 의해 숭례문이 희생됐다는 지적이다.

숭례문은 이명박 당시 서울시장의 주도로 2006년 6월 28일부터 전면 개방됐다. 2005년 5월 숭례문 앞 잔디광장을 조성해 개방한 데 이어, 2006년부터 숭례문의 중앙통로인 홍예문虹霓門안까지 공개한 것이다. 2층의 문루는 문화재 보존·관리 차원에서 개방하지 않았다.

숭례문 개방은 서울시 문화재위원회가 문화재청에 공문을 보내 개방을 요청하는 식으로 이뤄졌다. 당시 문화재청은 숭례문의 안전 문제 등을 들어 미온적인 태도를 보였으나 서울시는 시민들에게 굵직한 성과물을 내놓고 싶었던 나머지 끈질기게 숭례문 개방을 요구했다.

문화재 당국자는 "숭례문 개방 문제로 인해 문화재청과 서울시 사이에 공문이 오랫동안 왔다 갔다 했다"고 말했다.

문화재청은 이번 화재 발생 직후 숭례문의 관리 주체가 아니라는 점을 들어 책임 회피에 급급했다. '국보 1호'임에도 관리 주체는 정부는커녕 기초자치단체인 서울 중구청 공원녹지과의 일개 팀이었다.문화재청 당국자는 이번 사고를 예산과 인력 부족 탓으로 돌렸다.

문화재청 당국자는 "문화재청 예산은 4,800억 원밖에 안 된다. 인원도 750명이 전부"라고 말했다. 또 "방재는 중구청에서 당연히 했어야 했다"고 덧붙였다.

현재로서는 문화재 관리에 소홀한 기초자치단체에 대해 강제력을 행사할 근거도 미약하다. 문화재청은 기초자치단체에 협조 공문을 보내는 것으로 그치고 있다. 문화재 관계자는 "전국의 시군구 문화재 담당부서는 우리 (문화재청) 조직이 아니기 때문에 그쪽에 이래라 저래라 할 수도 없는 노릇"이라고 말했다. 이어 "우리 조직도 아닌데 누가 말을 제대로 듣겠느냐"고 하소연했다.

문화재청은 경복궁 등 궁과 왕릉 등에 직할 관리사무소를 두고 있을 뿐 이외의 문화재에 대해서는 제아무리 국보나 보물이라고 해도 문화재청의 1차 소관이 아니라는 입장이다. 하지만 일선 시군구의 문화재 관리부서는 6~8급의 하급직 공무원 몇 명이 관내 문화재의 관리·보수 업무는 물론 다른 시설관리 업무까지 도맡아 하고 있다. 서울 중구청 공원녹지과 시설관리팀은 국보 1호 숭례문 외에도 목조 건축물인 사적 157호 환구단을 관리해오고 있다.

문화재를 대하는 해당 관청의 인식이나 관리 실태, 그리고 제도적 보호체계가 이처럼 엉망진창이니 숭례문에 불이 나지 않는다면 그게 더 이상할 정도다. 더 기가 막힌 것은 이명박 당시 서울시장의 대권 욕심 때문에 숭례문 개방이 그처럼 졸속으로 이루어졌다는 사실이다. 청계천 복원도 이명박 시장이 임기 내에 '반드시' 완공해야 한다는, (대권용 치적 쌓기) 전시행정의 희생양으로 삼아 졸속으로 강행한 나머지, 청계천이 하천으로서 생명력을 전혀 갖지 못한 '콘크리트 수로'가 되고 만 것도 같은 맥락이다. 그래서 문제가 되자 '로봇 물고기' 해프닝이 벌어져 온 국민에게 웃음을 주기도 했다. 나중에 현장 인부들로부터 흘러나온 이야기에는 실로 아연해진다. 공사 중에 유적·유물이 수도 없이 나왔는데 몰래 덮어버리고 묻어버린 유적·유물이 얼마나 되는지 모를 지경이라고 했다.

숭례문이 불탄 것보다 복원 과정에서 보인 난맥상은 더욱 심각하다. 제대로 하려면 적어도 10년 이상은 걸리는 복원작업이 "대통령 임기 내에 끝내야 한다"는 정치 논리에 휘말려 졸속으로 강행된 것도 문제지만 복원 과정에서 노출되었거나 복원 후에 새어나온 뒷말들에 담긴 온갖 부조리는 차라리 귀를 씻고 싶을 만큼 어이없는 것이었다.

2015년 5월 15일 KBS 뉴스는 그 실태를 전하고 있다.

숭례문 복원 공사에서 전통 방식 대신 화학 재료를 써 부실 공사를 한 단청장이 결국 구속 기소됐습니다. 보수 공사가 불가피한데, 다시 시공하는 데만 40억 원이 넘는 돈이 들 것으로 예상됩니다. 지난 2008년 화재로 소실됐던 국보 1호 숭례문. 5년여 만에 복원됐지만, 곧바로 부실 공사 논란이 일었습니다. 단청 곳곳에서 칠이 벗겨져 떨어지는 이른바 '박락' 현상이 500여 곳에서 발견된 겁니다.

감사원 감사 결과, 총체적 부실 복원 공사가 드러났고, 검찰은 단청 공사를 총지휘한 중요무형문화재 단청장 홍씨를 구속기소했습니다. 약속했던 전통 방식 대신 수입한 화학 안료와 접착제를 섞어 쓰는 방식으로 공사 대금 6억 원을 챙긴 혐의입니다. 제자 한모 씨도 같은 혐의로 불구속 기소했습니다. 불에 탄 숭례문을 되살리기 위해 5년 3개월 동안 연 인원 만 5,000여 명, 예산 276억 원이 투입됐습니다. 하지만 이번 부실공사로 단청을 재시공해야 하고, 복구비 42억 원이 추가로 들게 됐습니다.

2014년 12일 29자 한겨레는, 대목장이 복원에 쓰일 목재까지 빼돌려 횡령한 점입가경의 실태를 고발하고 있다.

지난해 단청 등 부실시공이 드러나 대통령이 엄정한 수사를 지시한 숭례문 복원비리 파동의 충격은 컸다. 공사 관계자들과 복원수리 현장에 대한 대규모 수사로 대목장 신응수 씨가 납품받은 금강송과 기증목을 빼돌렸으며, 단청장 홍창원 씨는 화학안료를 몰래 섞어 단청을 칠한 사실이 밝혀졌다.

문화재 보수의 구린 구석이 드러났지만, 정교한 처방보다 장인들을 잠재적 혐의자로 몰아가는 강압적 수사는 환영받지 못했다. 급기야 숭례문 복원을 자문했던 목재학자 박원규 충북대 교수가 조사를 받고나서 자살하는 사건까지 벌어지자, 장인들과 전문가들 사이에서는 '과잉수사'라는 성토가 잇따랐다. 사실, 숭례문 부실 복원은 이명박 전 대통령 임기 안에 공사를 마치라고 채근했던 당시 고위 당국자들이 근본적인 책임을 져야 한다는 지적이 많다. 이명박 정부 청와대 교육문화수석비서관이던 박범훈 전 중앙대 총장과 문화부장관이던 최광식 고려대 교수가 대표적이지만, 그들은 여전히 침묵하고 있다.

숭례문 복원 비리는 그저 한 예로 빙산의 일각일 뿐, 이런 문화재 관련 부문뿐만 아니라 앞서 언급한 체육계, 문화예술계에 비리가 만연해 있다.

'문정왕후 어보 반환을 위한 100인위원회' 출범 자리에서 이영아 위원, 안민석 의원, 혜문 스님, 서진희 위원(왼쪽부터)과 함께

나는 이런 부조리를 바로잡고자 동분서주하는 한편, 해외로 불법 반출된 우리 문화재 찾아오기에도 정성을 기울였다. 대표적으로는 서울특별시의회 해외문화재찾기특별위원회 위원장으로서 힘을 보태 일본으로부터 조선왕실의궤를 찾아온 것이다.

2011년 12월 15일자 붓다뉴스가 그때의 상황을 정리해서 보도하고 있다.

조선왕실의궤 환수를 위해 노력해온 문화재제자리찾기와 조계종 중앙신도회가 앞으로 고종의 투구와 갑옷의 환수를 위해 노력하겠다고 밝혔다.

문화재제자리찾기는 12월 13일 남산 한국의집에서 좌담회를 열고 조선왕실의궤 반환의 의미와 전망에 대해 논의했다. 좌담회에는 문화재제자리찾기 사무총장 혜문 스님과 이원 전주이씨 대동종약원 총재, 이상근 조선왕실의궤환수위 실행위원장, 문상모 서울특별시의회 해외문화재찾기특별위원회 위원장, 카사이 아키라 일본 중의원이 참석했다.

혜문 스님은 "도쿄 박물관 수장고에 보관된 채 공개되지 않고 있는 고종이 착용한 것으로 보이는 투구와 갑옷 환수가 다음 목표"라고 밝혔다. 스님이 말한 투구와 갑옷은 오구라 컬렉션 중 하나인 조선 왕실의 용봉문 투구와 의식 때 의례용으로 착용하는 두정갑옷이다. 혜문 스님은 2010년 10월 경 도쿄에서 《오구라 컬렉션 목록》이라는 수필집을 입수했다. 여기에는 오구라가 사망 직전 자신이 수집한 유물의 수집 경로를 기록해놓고 있다.

해외로 반출된 문화재 중 '용봉문 투구'에 관심을 갖던 스님은 《오구라 컬렉션 목록》에서 용봉문 투구가 조선왕실에서 사용된 것이라는 확신을 갖게 된다. 오구라는 이 책에서 "용봉문 투구는 형태나 재질, 장식으로 볼 때 왕실(왕이나 왕세자)에서 착용한 물건임을 짐작케 한다"고 밝히고 있다. 그동안 용봉문 투구는 전문가들조차 출처에 대해 확신하지 못하고 있었다. 이 투구는 양 옆에 용과 봉황이 새겨져 있고, 금으로 도금돼 있으며 제왕의 투구는 아직까지 국내에서 발견된 바 없다.

이와 더불어 도쿄 국립박물관에 소장된 조선왕실에서 전래되던 갑옷도 우리에게는 중요한 문화재다. 국립문화재 연구소도 이 갑옷이 의례용으로 사용됐으며 형태, 재질, 장식으로 보아 최고위층에서 사용했을 것으로 추측하고 있다.

그러나 1965년 체결된 한일협정과 개인 소장품이라는 이유로 우리 정부의 공식 환수 요청이 쉽지 않은 상황이다. 혜문 스님은 이런 상황을 조선황실의 후계자들의 상속권 주장과 일본 정부와의 협의를 통해 돌파할 계획이다. 조선왕실의궤 환수 과정에서 협력했던 일본 측 인사들도 이번 환수운동에 동참하기로 결의했다.

카사이 아키라 일본 중의원 의원은 합일협정에도 불구하고 용봉문 투구와 갑옷의 환수가 원천적으로 불가능하지는 않다고 밝혔다. 카사이 의원은 "1991년 '영친왕비에서 유래한 복식 등의 양도에 관한 협정'에 따라 영친왕과 왕비의 의류가 반환된 사례가 있다. 이는 일본 정부 스스로 1965년 한일협정으로 문화재 반환이 불가능 한 것이 아니라는 것을 보여준다"고 밝혔다.

한일 양국의 협력과 논의를 통해 사안별로 문화재 환수를 추진할 수 있다

　　　　　　　　　　　　　　　　　　　　• 거제의 부활

는 설명이다. 투구와 갑옷의 환수를 위해 황사손인 이원 전주이씨 대동종약원 총재와 문상모 서울특별시의회 해외문화재찾기특별위원회 위원장도 적극 협력하기로 뜻을 모았다.

한편 간담회에 앞서 혜문 스님의 저서 《되찾은 조선의 보물 의궤》의 일본어판 출판 기념회가 열렸다. 혜문 스님은 "일본어판이 일본 국민들과 양심적 지식인들에게 문화재 환수의 중요성을 알리고, 공감대를 끌어낼 수 있을 것으로 기대한다"고 말했다.

나는 그 밖에도 광화문에 있는 이순신 장군의 동상이 잘못 만들어진 사실을 지적하고 환구단의 문제점에 대해서도 여론을 환기시켰다. 이순신 장군 동상에 관한 문제는, 어디가 어떻게 잘못되었는지 명확한 논거를 들어 제기한 바를 관계당국에서 모두 인정하고서도 시정 조치를 취하지 않자 재차 촉구한 사실을 2015년 11월 18일 TV서울이 보도했다. 그러니까 나는 이 문제를 2010년 서울시의회에 입성한 이후 줄기차게 제기해온 것이다.

서울시의회 문상모 의원은 행정사무 감사에서 국회가 일본·중국풍 논란에 시달리던 의사당 내 충무공 이순신 장군 석상을 교체한 것과 관련해 광화문 광장의 이순신 장군 동상도 새롭게 제작해야 한다고 주장했다. 문상모 의원은 "5년 전부터 문제를 제기해왔는데 달라진 것이 없고 거론조차

되지 않고 있다"며 "1979년 문화공보부에 철거 허가를 받았는데도 왜 철거를 안 하는지 이해할 수 없다"며 "광화문 광장에 서있는 이순신 장군 동상은 우리나라 최고의 영웅인데, 동상은 일본식 검을 오른손에 잡고 있으며, 전고戰鼓가 누워 있는 등 패장의 모습을 하고 있다. 이를 시민들의 혈세를 들여 보존하려는 목적으로 철거를 하지 않는 것이라면 문제가 있다"고 말하며 비슷한 오류를 범하고 있는 덕수궁 왕궁수문장 교대의식 행사도 언급했다.

광화문 광장의 이순신 동상은 2010년에도 1) 오른손에 칼을 들어 항복하는 장수로 오인, 2) 칼이 일본도, 3) 이순신 장군이 입고 있는 갑옷이 중국 갑옷, 4) 얼굴의 모습이 표준영정과 다른 점, 5) 전고戰鼓가 누워 있는 점 등으로 시민 그리고 서울시의회 문상모 의원에게 지적당한 바 있다.

당시 이런 문제 제기를 눈여겨 봐오던 시사저널 정락인 기자는 2010년 12월 26일자 정락인닷컴(http://www.jeongrakin.com/1513)에 이순신 장군 동상 문제를 취재한 내용을 싣고 있다.

나와 문화재제자리찾기 사무총장 혜문 스님은 지난 10월 말 아산 현충사에 취재차 다녀왔다. '민족의 성지', '구국의 성지'로 불리는 현충사 경내 조경이 '일본식'으로 조성되고, 본전 앞에는 일본 천황을 상징하는 '금송'이 심어져 있었다. 또 본전 안의 이순신 장군 영정은 친일 화가가 그린 것이었다. 참 기가 막혀 말도 나오지 않는 현실이다. 나는 '구국 성지에 광복은 오지 않았다'라는 기사로 이런 사실을 처음 폭로했다. 아울러 광화

• 거제의 부활

문 이순신 장군 동상은 '국적 불명'의 동상이 세워져 있다며, 중국식 갑옷, 일본도, 누워 있는 북 등의 문제점 등을 보도했다. 이때 과거의 기록을 살펴보다가 1977년 5월 '이순신 장군 동상 논란'이 있다는 것을 발견했다. 문화재 전문가들이 여러 차례 고증 잘못을 지적했고, 당시 서울시가 '문화공보부 영정심의위원회'에 정확성 여부를 심의해줄 것을 요청한 것이 발단이 되었다.

그러자 시민들은 "성웅의 조상을 그렇게 만들 수 있느냐"며 관계당국을 성토했다. 그러자 서울시는 1979년 5월 문공부에 충무공 동상을 다시 만들어 세울 것을 요청해 허가를 받았다. 다음해인 1980년 1월에는 2억 3,000만 원이라는 예산까지 책정하며 표준 영정에 따라 새로운 동상을 만들기로 결정했으나, 미술계의 강력한 반발로 뜻을 이루지 못했다.

그런데 33년이 지난 지금 같은 논란이 재현되고 있다. '엉터리 고증'으로 밝혀진 지 30년이 넘었는데도 여전히 그대로의 모습인 것이다. '친일 청산', '역사 바로 세우기'라는 말이 무색할 뿐이다. 이순신 장군이 지하에서 통곡할 일이다.

정락인 기자는 당시 내가 제기한 문제 제기 내역을 기반으로 현장을 취재하고 전문가의 의견을 들어 동상의 문제점을, 역시 같은 날짜의 정락인닷컴에 조목조목 상세하게 풀어내고 있다.

1) 이순신 장군은 과연 항복하는 장군의 모습?

광화문 이순신 장군 동상

이 문제의 핵심은 칼을 오른 손에 들고 있다는 점이다. 따라서 왼손잡이가 아닌 이상 칼을 뽑을 수 없는 모습이고 이는 항복한 장수로 오인될 수 있다는 점이다. 김세중(조각가) 측은 이점에 대해 "장군이 왼손잡이일 리는 없지요. 왼손에 칼을 쥐고 있다 오른손으로 뽑는 게 논리적으로는 맞습니다. 하지만 그건 전쟁 때의 상황입니다.

동상의 콘셉트는 전쟁이 끝난 뒤 이긴 자의 모습입니다. 오른손으로 뭔가를 쥐고 있다는 건 상징적인 의미도 있는 것" 이라고 말하고 있다.

그런데 이런 주장은 김세중이 조각을 조성할 때 참조했다는 이당 김은호의 영정과 바로 모순됨을 알 수 있다. 김세중 측은 이순신 장군의 얼굴을 조각할 때, 참조했다는 이당의 영정에는 이순신 장군이 칼을 왼손에 잡고 있다. 또한 광화문 동상이 아닌 이순신의 다른 동상 혹은 영정 그림 등과 비교할 때 잘 납득이 가지 않는 발언이다(아래 사진 참조, 모두 왼손에 칼을 잡고 있다).

김은호 작,
이순신 장군 초상(충무사)
김경승 작,
이순신 장군 동상(국회)

위 그림 중 김은호가 그린 한산도 충무사 영당에 봉안됐던 그림은 주목을 요한다. 이 그림은 이순신 영정 중 유일하게 갑옷을 입고 있으며, 1977년에 정형모가 그린 그림이 한산도 충무사에 봉안되면서 김 화백의 그림은 국립현대미술관으로 이전된 상태다.

김세중은 동상 조성 당시 "갑옷의 모양은 김은호 화백의 이순신 장군 영정을 참조했다"고 말하고 있다. 그런데 이 영정에는 칼이 분명히 왼손에 들려 있다는 점을 확인할 수 있다.

갑옷만을 참조했다는 김세중의 진술을 충분히 감안하더라도 왜 김은호의 영정과는 다르게 오른손에 칼을 잡은 모습을 표현했는가 하는 것은 의문이 아닐 수 없다. 그것이 과연 김세중 측의 말처럼 "전시가 아닌 평화의 시기"를 상징하기 위해 그렇게 된 것인지, "단순한 작가의 불찰"로 인한 것인지는 생각해볼 문제다.

2) 이순신 장군의 칼이 일본도?

광화문 동상의 칼 모양(왼쪽) 이순신 장군의 실제 칼 쌍용검(조선미술대관 수록)

이순신 장군의 칼이 일본도라는 지적에 대해 김세중 측은 "현충사의 칼은 일본도가 맞습니다. 197.5㎝나 되는 긴 칼에 대해서는 기록이 있습니다. 일본에 끌려갔던 도장刀匠 태구련, 이무생이 장군에 잡혔어요. 장군은 첩자가 아닌지 문초한 뒤 칼 두 자루를 만들라고 지시했습니다. 이 두 사람은 일본에서 일본도를 만든 사람들입니다. 일본도는 당시로서는 최신예 검이나 마찬가지였습니다. 동상의 칼은 현충사 칼을 모델로 했지만 실제 비율보다 축소한 것"이라고 대답하고 있다.

또한 "칼이 조선검이냐 일본도냐를 따지는 건 의미가 없다고 봅니다. '칼자루에 석자의 칼로 하늘에 맹세하니 산하의 색이 변하는도다. 한바탕 휘둘러 쓸어 없애니 강산이 피로 물드는구나(三尺誓天山河動色 一揮掃蕩血染山河)'라고 적혀 있습니다"라고 말한다. 현충사의 이순신 장검이 지닌 본연의 의미, '일본을 물리치겠다는 의지의 표현'이 강조되어야 하지 '일본도냐 아니냐는 중요하지 않다는 뜻이다.

현충사에 소장된 이충무공李忠武公 장검은 조선식 쌍수도雙手刀에 속하며, 《무예도보통지武藝圖譜通志》에 "장검 · 용검 · 평검이라고도 불리며, 칼날의 길이 5척, (동호인 1척), 자루 1척 5촌. 7척 검도 볼 수 있다" 고 정의되어 있다. 이 칼은 실전용이 아닌 의전용 칼이므로 길이가 1미터 97센티, 칼집에 넣었을 때는 2미터를 넘는다. 만약 이 칼을 짚었다면 당연히 키보다 높은 칼을 묘사해야지 허리께까지 오는 칼로 표현될 수 는 없다. 허리에 차는 칼 혹은 그보다 작은 칼을 묘사하려면 이순신 장군이 패용한 실전용 칼 '쌍룡검' 을 묘사해야 한다. 그럼에도 불구하고 이순신 장군의 장검의 길이를 축소하여 일본도를 만들어놓고 '현충사의 칼' 이 일본도라고 하는 변명은 받아들이기 힘들다.

단적으로 말한다면 세종로 이순신 장군 동상이 들고 있는 장검은 현충사 이충무공 장검(보물 제326호)과는 아무런 상관이 없다. 길이뿐만 아니라 칼날의 곡률曲率을 보더라도 이충무공 장검이 상당히 큰 곡률을 갖는데 반해서 세종로 동상의 장검은 거의 직선에 가까울 정도로 곡률이 작다. 동상의 칼은 일본도 혹은 일본도의 변형일 뿐이다.

3) 이순신 장군의 갑옷은 중국 갑옷?

조선식 갑옷은 두루마기처럼 입는 형태로 만들어지고, 중국식 갑옷은 덮어 쓰는 형태로 만들어진다. 이순신 장군 동상은 어깨부분이 조각으로 덮여 있다는 점을 볼 때, 조선식이 아니라 중국식 갑옷인 점이 명백하다. 김세중 측은 자신의 과오로 이순신 장군의 갑옷이 중국식으로 표현된 것을 "갑옷의 모양은 김은호 화백의 이순신 장군 영정을 참조했고, 복식 전문가인 석주선 씨의 고증도 얻은 것" 이라고 변명하고 있다.

하지만 이 말은 김세중은 정확한 고증과 연구를 거치지 않고 그저 조선 왕릉의 무인석武人石과 몇몇 갑옷 유물만을 참조하여 만들었다는 소문을 다시 한 번 입증하는 말이다. 전문가의 조언을 얻었다면 '김은호의 초상이 중국식 갑옷임을 알았을 것' 이기 때문이다. 이는 이 동상이 객관적 고증과 연구 없이 얼마나 엉터리로 진행되었는가를 단적으로 보여주는 실례다.

이순신 장군 동상의 갑옷(왼쪽) 조선 장수들의 갑옷(오른쪽)

4) 이순신 장군의 얼굴은 왜 표준영정과 다를까?

광화문 동상의 얼굴(왼쪽) 조각가 김세중의 얼굴(오른쪽)

광화문 동상의 얼굴을 놓고도 지적사항이 많았다. 특히 현충사에 걸려 있는 국가 표준영정과 일치하지 않는다는 비판이 있었다. 이에 김세중 측은 "장군의 실제 모습을 전해오는 영정은 없으며, 1953년 월전 장우성 화백이 그린 이충무공의 영정이 1968년 광화문 충무공동상이 제작된 지 5년 후인 1973년 이순신 장군의 표준영정으로 지정된 바 있다"고 변명하고 있다.

나아가 조각가인 김세중과 비슷하다는 주장까지 있었다. 이에 아내인 김남조 시인은 조선일보와의 인터뷰에서 "다빈치가 그린 모나리자가 다빈치를 닮았다는 이야기가 있지요. 예술가들은 얼굴을 그리거나 조각할 때 은연중에 자기 얼굴과 비슷하게 한다고 하지만 작가와 닮았다는 말은 가족 입장에서 할 수는 없는 겁니다. 나라의 큰 인물과 비교할 수 없지요"라고 대답한다.

김세중 측의 입장을 정리하면, 현충사의 이순신 장군 초상이 '표준영정'이 된 것은 동상이 제작된 지 5년 후인 1973년의 일이므로 참조할 필요가 없었고, 따라서 '표준영정과 일치하지 않는다'는 주장이다. 그렇다면, 김세중은 조각상을 건립하면서 당시에 존재했던 이순신 장군의 영정 중 아무것도 참조하지 않았다는 것을 스스로 밝힌 셈이다.

좌로부터 현충사 영정(장우성), 해남 좌수영 영정(김은호),
한산도 제승당 영정(김은호) (동아일보 1977년 5월 12일자 기사)

위의 사진들은 당시까지 그려진 이순신 영정 중의 대표작이고, 이순신 장군을 상징하는 주요 장소에 실제로 걸려 있던 영정이다. 그런데 김세중은 이 초상 중에 어떤 점도 참조하지 않았다.

특히 월전 장우성의 그림은 현충사에 53년도부터 봉안되어 있었고, 당시의 화폐 100원 동전, 500원 지폐 등에 사용되고 있는 중이었다. 그런데 월전의 그림도 전혀 참조하지 않았다는 것은 납득하기 어렵다(월전 장우성의 영정이 지닌 문제는 별개다). 갑옷의 고증을 통해 이당의 그림을 참조하고 있다고 밝힌 조각가가 얼굴 부분에 대해서는 어떤 영정도 참조하지 않았다는 점은 고증과 연구를 거치지 않았다는 점을 의미한다. 동상, 초상화와 같은 작품은 작가의 개성을 억제한 채 사실관계를 살피고 역사적 고증에 충실하게 이루어져야 하는 작업임은 누구나 아는 사실이다.

이런 작업을 수행하지 않고 1973년에야 표준영정이 지정되었기 때문에 어떤 영정도 참고하지 않았다는 말은 옹색한 변명에 불과하다. 나아가 김세중 측이 "예술가들은 얼굴을 그리거나 조각할 때 은연중에 자기 얼굴과 비슷하게 한다"는 말은 다른 사람의 초상화 혹은 동상을 제작하는 사람에게 있어서는 적절치 않은 듯하다.

안중근 혹은 유관순의 얼굴을 그리거나 제작할 때, 제작자의 얼굴과 닮아버린다면 '사실을 전달'하려는 제작의 목표와 심각하게 어긋나기 때문이다. 그런 면에서 "이순신 장군의 얼굴이 김세중의 얼굴과 닮았다"는 소문과 "예술가들은 얼굴을 그리거나 조각할 때 은연중에 자기 얼굴과 비슷하게 한다"는 답변은 받아들일 수 없다.

• 거제의 부활

5) 장군이 지휘하는 북은 왜 누워 있을까?

누워 있는 두 개의 북(전투 지휘용)   노량해전도(제승당 소장)

전장에서 북은 전쟁을 지휘하는 장수의 지시다. 이에 전장의 북을 독전고
督戰鼓, 전투를 독려하는 북)라고도 부른다. 평화시에도 북은 전쟁을 예고
하거나 사람들을 불러 모을 때 쓰인다. 설화에 나오는 자명고自鳴鼓는 낙
랑국을 외적의 침입으로부터 지켜주는 국방의 상징이다.

그런데 광화문 동상 앞의 북은 옆으로 뉘여 있다. 따라서 전쟁을 이순신
장군이 지휘하는 모습을 연상시키지 못한다. 이는 전장을 독려하고 군사
를 호령하여 불패의 신화를 만들어낸 '용맹한 이순신' 의 이미지와 정면으
로 배치된다. 이순신 장군의 마지막 전투인 노량해전에서 장군은 적군의
탄환을 맞자 "자신의 죽음을 알리지 말라" 고 한 뒤, 조카 이완에게 "계속
해서 북을 쳐 전쟁을 독려하라" 고 한 것으로 알려져 있다. 제승당에 걸린
〈노량해전도〉는 이런 역사적 전거에 입각해 북 옆에서 쓰러진 이순신 장
군을 묘사했다. 물론 북은 똑바로 서서 언제라도 장군을 맞을 태세로 그
려졌다. 민족의 가슴 속에 새겨진 이순신 장군 최후의 모습, 혹은 불패의
장군의 모습을 묘사하지 못하고 북을 뉘여 '장군으로서 지휘하는 모습'
을 형상화하지 못한 것은 최악의 실수라 지적하지 않을 수 없다.

6) 이순신 장군 동상 좌대는 일본 해군 발상 기념비와 판박이?

광화문 이순신 동상 좌대(왼쪽),   일본 해군 발상 기념비 (오른쪽)

광화문 이순신 장군 동상의 좌대가 '일본 해군 발상 기념비' 의 모습과 너무 비슷하다. 마치 일본 해군 기념비를 보고 이순신 장군 동상의 좌대를 만든 것처럼 보인다. 한겨레도 이를 지적한 적이 있다. 수직으로 이순신 동상을 받친 부분과 그 앞 거북선이 곡선으로 이어진 좌대 모양은 파도를 형상화한 수직탑 정면에 배가 놓인 일본 해군 기념비와 유사하다는 것이다.

일본 해군 발상지 기념비는 일본의 초대 텐노 신무神武가 '야마토 동정東征을 시작한 곳' 을 기념하기 위해 세웠다. 더구나 같은 자리에 이순신 장군 동상에는 거북선이, 해군 발상 기념비에는 배가 놓여 있다.혜문 스님은 "설마 일본 해군 발상지의 조형물을 보고서 이순신 장군 동상 좌대를 만들진 않았겠지. 시대와 공간을 뛰어넘어 발상이 같기 때문에 비슷해질 수 있는 '교묘한 우연' 이란 것도 있으니까. 조형구조가 같고 같은 자리에 배가 올려진 것까지도 같을 수 있다고 가정할 수 있겠지. 혈연관계가 아니어도 닮은 사람이 있는 것처럼 생각할 수도 있다" 고 말했다.

하지만 설마가 사람 잡는 세상이란 것을 우리는 너무도 잘 알고 있다(그 밖에 박정희 헌납 표기 문제, 갑옷 자락이 발목까지 내려가 전투를 지휘하는 장군의 모습으로 어울리지 않는 점, 거북선과 동상의 비례가 맞지 않는 점 등은 논외로 함).

이어 정락인 기자는 나를 비롯한 시의원 25명의 공동 결의안을 실어 여론을 환기시켰다.

[싹퉁 광화문 충무공 이순신 동상 복귀 보류 결의안]

충무공 이순신은 민족의 영웅으로 이를 기리기 위한 동상이 전국적으로 건립되어 있다.

그러나 광화문 광장의 충무공 이순신 동상은 국가가 정한 표준영정과 전혀 다른 인물로서 직선형의 일본식 칼을 들고 중국식의 갑옷을 걸치고 있는 등 역사적인 고증考證에 치명적인 실수가 드러난 작품이다.

정부는 1979년 광화문의 충무공 이순신 동상을 새롭게 제작하도록 허가하고, 각계의 주장을 수렴하여 동상제작비 2억 3,000만 원을 예산으로 편성한 바 있다. 그러나 서울시가 이러한 점을 간과하고 내부의 균열로 인하여 함몰 직전의 이순신 동상을 수리하여 다시 설치하려는 것은 잘못

된 역사를 바로잡아 가고 있는 시대의 흐름과 국민들의 바람을 무시하는 처사이다.

이순신 장군은 왼손잡이가 아닌데도 칼집을 오른 손으로 잡고 있어 패장의 이미지로 각인될 수 있고, 갑옷이 발목까지 길게 제작되어 활달한 무인의 기상과 맞지 않는다. 그리고 전투를 독려하는 전고(북)가 똑바로 서지 않고 누워 있는 등 구국 영웅의 모습이 아니며, 제작된 지 50년도 안 된 동상의 내부에 균열이 발생하여 함몰된 것은 제작 자체가 잘못된 것이다. 그러므로 임시방편식의 땜질을 통한 이순신 동상의 재설치를 즉각 중단하고, 철저한 고증을 거쳐 구국 영웅인 충무공 이순신 동상의 모습으로 제작하여 건립할 것을 촉구한다.

2010년 12월 21일

**시울시의회 문상모(민주당) 의원을 비롯한 25명은 지난 12월 21일 동상의 복귀에 앞서 '짝퉁 광화문 충무공 이순신 동상 복귀 보류 결의안'을 냈다.

나는 또 환구단 문제를 제기하여 바로잡도록 하는 데도 힘을 쏟았다. 환구단은 원구단圜丘壇이라고도 하는데, 고려시대부터 유교 의례에 따라 하늘에 제사를 지내는 제천단이다. 고려 말 배원친명 정책 이후 원구제는 폐지되었는데, 조선 건국 이후 성리학적인 명분론에 따라 제후국인 조선에서 '천자의 제천의례'인 원구제를 거행할 수 없다고 했다. 그래서 극심한 가뭄이나 비상사태에 최후의 기우 대상으로 방편적으로만 거행되었다.

1897년 러시아 공사관에서 경운궁으로 환궁한 고종은 국호를 대한제국으로 선포하고 환구단에 나아가 천지신명에 고하는 제사를 드린 후 황제에 즉위했다. 당시 환구단은 중국 사신을 접대하던 남별궁南別宮 자리에 있었는데, 동지나 새해 첫날에 제천의식을 거행했다.

그러나 일제는 1912년 환구단을 헐고 그 자리에 총독부 철도호텔을 세웠으며, 1968년에는 지금의 조선호텔이 들어섰다. 지금 남아 있는 황궁우皇穹宇는 화강암 기단 위에 세워진 3층의 팔각 정자로, 환구단 북쪽에 건립하여 신위판神位版을 모셨다.

환구단은 당시 고종이 제천의례를 행한 곳으로, 서구 열강에 대해 황제국의 위상을 보여주고자 했던 정치적 의미를 담고 있다. 그런데 그곳이 일본식 정원으로 변질된 채 방치되어 와서 남아 있는 부분이나마 원래의 모습으로 되돌릴 것을 촉구한 것이다. 그리하여 2013년 6월에 일부분이나마 전통 방식으로 복원되어 역사의 산 교육장 역할을 하게 되었다. 하지만 이는 지엽적인 것으로, 조선호텔 중심부에 있던 환구단을 복원해야 하는 큰 과제를 안고 있다. 그래서 조선호텔을 매입하여 원형 그대로 복원하라는 민원이 제기되고 있는 것이다.

8년의 의정활동을 지탱한
역사적 · 교육철학적 배경

나는 상임위원회 활동도 특별했지만 지역구 활동에도 특별했다. 의아하게 열심이었다.

날마다 마주치는 1퍼센트의 지역구민만을 상대로 정치를 할 것인가? 나머지 99퍼센트의 국민까지 상대하여 정치를 할 것인가를 놓고 고민했다. 나는 당장에는 지역구민에게 욕을 좀 듣더라도 제대로 된 정치를 하자고 마음먹고 그렇게 했다.

아니나 다를까, 처음 한두 해는 정말로 욕을 많이 들었다. 그러나 내 하는 모양이 변함없이 진심을 다하자 결국 "문상모는 정치를 저렇게 하는구나!" 하는 감탄으로 바뀌었다.

나는 지역 현안이나 민원이 있으면 누구보다도 신속하고 정확하게 처리했고, 약속은 아무리 사소한 것이라도 반드시 지켰다. 큰 공약사항이나 현안 또는 민원은 대략이나마 가이드라인을 설정하여 민원인에게 알려주어 답답해하지 않도록 했다. 나는 그렇게 1년 만에 10년간 해결을 못보고 쌓인 민원을 대부분 정리했다. 당시 정봉주 지역위원장이 나더러 더 이상 일을 하지 말라고 말렸을 정도였다.

내가 노원에서 벌인 특별한 일 가운데 하나는 2013년 2월 23일 노원레인보우FC를 창단하여 단장을 맡는 등 스포츠를 통해 청소년 교육 문제의 실마리를 풀고자 한 일이었다. 나는 청소년 교육의 연장선에서 학원 스포츠 정상화에도 심혈을 기울였다.

노원레인보우FC 창단 무렵 tbs 인터뷰
(출처: http://blog.naver.com/PostView.nhn?blogId=tbstv)

내가 축구단을 창단한 데는 우리나라 스포츠의 역사적·교육철학적 배경이 있었다. 국제 스포츠 제전의 꽃인 올림픽은 원래 아마추어리즘이었다. 그러나 갈수록 규모가 커지고 거의 모든 종목에서 프로선수들도 참가하게 됨으로써 상업화로 치닫게 되었다. 올림픽뿐만 아니라 웬만한 국제 대회는 거의 모두(아마추어리즘의 탈을 쓰고) 상업화의 길을 걸었다. 게다가 정치적으로 이용됨으로써 올림픽 정신은 날로 퇴락해갔다. 특히 독재국가에서 독재정권이 일사불란한 애국심의 발로로 스포츠를 이용했다. 독일의 나치정권이 그랬고, 우리나라도 박정희 군사정권이 들어서면서 엘리트 스포츠 집중 육성 시스템을 구축하여 본격적으로 국가주의 엘리트 스포츠에 기반을 둔 '국위 선양'에 나섰다.

이런 엘리트 스포츠의 가장 큰 폐해는 일등주의의 전염과 균형교육의 말살이다. 어떤 종목이 되었든 학교 대표가 되면 수업에 거의 출석하지 않아도 졸업장을 주고, 학과과정을 거의 이수하지 않아 수학 능력이 없어도 운동만 잘하면 특기생으로 상급 학교 진학이 가능했다.

요즘은 좀 달라졌지만 과거 올림픽에서 다른 나라 사람들이 의아해하는 한국 선수들의 면모가 있었다. 은메달이나 동메달을 목에 걸고서도 잔뜩 인상을 찌푸리거나 분해서 우는 것이다. 언론도 금메달에만 초점을 맞추어 대서특필하고, 금메달이 아니면 모두 실패한 것으로 취급하여 '실패 분석과 책임

추궁'에 열을 올렸다. 사실 국가대표만 되어도 대단한 것인데, 백 수십 개국의 대표들이 겨루는 대회에서 2등, 3등이라는 놀라운 성적표를 받아들고서도 기뻐할 줄 모르는 모습은 보기에도 딱했다. 사실 이런 민망한 풍경은 선수들 잘못이 아니라 철저하게 일등주의로 왜곡된 교육과 스포츠 정책의 문제 그리고 철저하게 서열화한 사회풍토에서 비롯한 것이다. 메달의 색깔 차이는 그 보상에서 엄청난 차이가 났다. 연금이나 포상금은 물론이고 광고 출연 등 사회의 대접이 크게 달라 신분이 달라질 정도였다.

일과 휴식도 균형이 잡혀야 건강한 삶을 영위할 수 있듯이 공부와 운동도 균형이 잡혀야 건강한 성장을 이룰 수 있다. 함께 가는 세상,더불어 사는 세상을 배우는 교육은 삶의 영토를 확장하고 비옥하게 하지만 오늘날의 나만 잘 되면 그만이라는 차별화,서열화의 일등주의 교육은 영토를 마련하기는커녕 기왕에 있는 영토마저 허물고 피폐화한다.

이런 일등주의도 문제지만 더 큰 문제는, 학교는 졸업했으되 사실상 학교 교육을 거의 받지 못한 선수들의 현역 탈락 또는 은퇴 이후의 삶이다. 그래도 국가대표로서 국제대회에 입상을 하거나 프로선수로 뛰다가 은퇴한 경우는 훨씬 나은 편이다. 일부는 해당 종목의 감독이나 코치로 경력을 이어가기도 하지만 극히 일부에 한정된 경우일 뿐이고 대부분은 생활의 별 방편이 없어 난감한 삶을 살아간다. 엘리트 선수 출신, 즉 학교 교육과정에 담을 쌓고 오로지 운동에만 전념해온 선수들 가운데 해당 종목의 프로선수나 코치 등으로 풀리는 경우는 전체의 1퍼센트에도 미치지 못한다. 나머지 99퍼센트의 선수들은 운동이 아닌 전혀 다른 직업을 찾아야 하는데, 기초학력이 없으니 쉽지가 않다.

이와 관련하여 대한체육회와 공동으로 기획하여 조사를 진행해온 한국일보는 2016년 11월 3일자 기사에서 그 실상을 다음과 같이 전한다.

> 대한체육회는 취업 적정 연령대인 20~40세, 선수 경력이 3년 이상 된 엘리트 체육인 중 매년 약 1만 명이 현역에서 은퇴하는 것으로 파악하고 있다. 체육회는 2014년부터 이들을 대상으로 실태 조사를 실시 중이다. 은퇴 선수 9,311명 중 2,010명이 응답한 작년 조사에 따르면 취업률은 약 32.2%였다. 비응답자를 감안하면 취업률은 좀 더 낮아질 가능성이 높다. 일자리를 찾은 이들의 직장도 양질이라 보기는 힘들다. 직업 분류를 보면 전문가 및 관련 종사자(지도자 및 체육교사)가 224명(34.5%)으로 가장 많았고, 서비스 종사자(생활체육 지도자 및 경비 · 경호 인력)가 154명(23.7%)으로 다음이었다. 처우도 열악한 편이다. 근속 연수는 1년 미만이라는 응답이 277명(42.68%)으로 가장 높았고 월수입은 150~200만 원

· 거제의 부활

(24.65%), 100~150만 원(11%)의 순이었다.

프로농구 KGC인삼공사에서 뛰었고 하계유니버시아드 국가대표 출신인 김광원 한국스포츠교육 희망나눔 사회적 협동조합 이사장은 지난 4월 스포츠산업포럼에서 〈청년·은퇴선수의 일자리는 어디에 있나〉라는 발표를 통해 은퇴 선수가 현장에서 느끼는 높은 벽들을 지적했는데 낮은 임금에 따른 고용불안을 가장 큰 문제로 꼽았다. 은퇴 선수를 대하는 선입견도 해결해야 할 과제다. 김 이사장은 "1년에 1만 명이 은퇴하는데 이 중 국가대표 출신은 많아야 100명, 1% 미만이다. 나머지 99%는 운동밖에 할 줄 아는 게 없는 낙오자 취급을 당한다"고 안타까워했다.

은퇴 선수들을 대상으로 재사회화 프로그램을 구축하는 일이 급선무다. 김 이사장도 협동조합 차원에서 관련 아카데미를 준비하고 있다. 그는 "은퇴 선수의 경우 자존감이 낮은 경우가 많은데 시스템을 갖추는 것 못지않게 운동을 그만두더라도 사회의 일원으로 당당히 살아갈 수 있다고 마음먹는 선수들의 인식 전환도 중요하다"고 말했다.

위 기사에서는 "은퇴 선수들을 대상으로 재사회화 프로그램을 구축하는 일이 급선무"라고 했지만 사실 더 근본적이고도 급한 일은 학교 엘리트 체육의 전면적인 수정, 즉 학생 운동선수들에 대한 교육의 정상화이다. 우리도 이제 유럽의 국제대회 참가 선수들처럼 직업이 아닌 취미로 운동을 해서 국가대표도 되고 국제대회에 참가하는, 교육적·제도적 인식의 전환이 이루어져야 한다. 적어도 학교교육의 잠재적인 낙오자를 사회가 "제도적으로" 양산해서는 안 된다는 것이다.

프랑스의 교육자인 쿠베르탱 남작(1863~1937)이 근대 올림픽 경기를 창시한 목적은 사실 청소년 교육에 있었다.

1892년경 쿠베르탱은 교육혁신의 뜻을 품고 영국과 미국에서 유학하던 중 스포츠가 청소년의 인격 형성에 큰 영향을 미친다는 사실을 절감했다. 그 무렵 때마침 독일 고고학자가 올림피아 유적을 발굴하면서 고대 올림픽 대회의 전모가 드러났다. 이에 주목한 쿠베르탱은 고대의 대회를 부활시켜 여러 나라 청년들을 올림픽이라는 하나의 축제마당에 모아내면 세계 평화에 기여할 수 있겠다고 여겼다.

그리하여 1892년 그의 구상을 널리 알리고, 1894년 국제올림픽위원회를 조직하여 초대 위원장이 되었다. 마침내 1896년 제1회 올림픽 대회가 고대 올림피아의 발상지인 그리스 아테네에서 열렸다. "건전한 신체에 건전한 정신을mens sana in corpore sano" 이라는 올림픽 구호 그대로 올림픽은 청소년의 인격 함양을 위한 발상에서 비롯한 것인데, 오늘날 적어도 한국에서는 인격 함양은커녕 정상적인 교육을 망친다는 평가를 받고 있을 정도다.

내가 이런 역사적 · 교육철학적 맥락에서 노원레인보우FC를 만들어 운영한 뜻은, 정규 교육과정을 정상적으로 수행하는 가운데 교육적 가치에 부합하는 학원 스포츠의 모델을 구현하는 데 있었다. 모두가 박지성이나 김연아는 되지 못하더라도 모두가 즐기는 가운데 그런 재능을 발견해낼 수 있는 스포츠, 또 굳이 그런 재능이 없더라도 누구나 공부의 재미를 더하고 행복의 가치를 깨달아가는 스포츠를 실현하는 모델을 보여주고 싶었다. 그리하여 제2, 제3의 레인보우 클럽들이 생겨 확산되면 대한민국 체육이 근본적으로 바뀔 것으로 기대했다.사실 나의 성장기는 흙수저도 모자라 거의 무無수저였지만 나는 그런 바닥을 딛고 올라 한 걸음씩 앞으로 내디뎌 꿈을 펼쳐오고 있다.

내가 궁핍하고 절망스런 시절을 견뎌 건널 수 있었던 힘의 원천은 운동이었다. 나는 그 시절 내가 처한 환경에서 할 수 있는 운동은 다 했다. 그때 했던 운동 덕분에 나는 비뚤어지지 않고 곧게 자랄 수 있었다. 수업을 줄이고 하는 엘리트 체육이 아니었다. 방과 후에 시간 나는 대로 하는 운동이었다. 그러면서도 재능이 돋보였던 태권도 같은 운동에서는 도 대회에서 입상까지 하는 성취감을 맛보았다. 그것은 비록 내가 태권도 선수로 대성하지는 못하더라도 그 자체로 내게 삶의 엄청난 자신감을 심어주었다.

이런 나의 경험에 비춰 나는 청소년 체육의 교육적 가치에 주목하고 소수 엘리트 체육의 한계를 넘어 보편적인 생활체육으로 패러다임을 바꾸고자 한 것이다. 이런 학교 체육의 정상화는 지금 당장이라도 각 교육청과 지자체가 손을 잡으면 시작할 수 있는 일이다. 내가 성장하던 시절에는 일시적으로 좀 엇나가더라도 금세 제자리로 돌아왔지만 요즘에는 한번 엇나가면 옆에서 특별히 잡아주지 않는 한 나락으로 떨어지고 만다. 생각, 즉 마음의 근육이 약하기 때문이다. 스포츠는 몸의 근육만 키워주는 것이 아니라 마음의 근육도 함께 키워주기 때문에 교육에서는 포기할 수 없는 요소다.

나의 8년간의 의정활동은 거의 학업활동과 병행해온 주경야독晝耕夜讀의 연속이었다 해도 과언이 아니다.

2010년 서울시의회에 입성한 그해에 나는 이미 서울과학기술대학교 야간학부 행정학과 2학년에 다니고 있었는데, 거의 개근을 한데다가 학업을 전업으로 하는 청년학생들보다 더 치열하게 공부했다. 행정학과를 선택한 것은 의정활동의 전문성 향상에도 도움이 될 것으로 여기고, 일찍이 2004년부터 꿈꾸어온 지자체장 도전을 염두에 두었기 때문이다.

당시 나는 다른 과목은 다 어렵잖게 따라가겠는데 영어만은 워낙 기초가 달려서 힘들었다. 수업 시간에 교수님이 어느 대목을 읽고 해석하라고 하면 읽는 것조차 떠듬거려서 창피했다. 그래서 영어는 반드시 두세 시간씩 예습을 하고 수업에 들어갔다. 다음 시간에 수업할 부분의 모르는 단어에 일일이 발음기호를 달고 뜻을 적은 다음 입에 익을 때까지 수도 없이 되풀이 읽었다. 그래서 내 영어책은 온통 새카맸다. 하루는 교수님이 그런 나의 영어책을 보고는 영문을 물었다. 사실대로 대답하자 교수님은 그 열정에 감동했다며 다른 청년학생들더러 본보기로 삼으라고 했다.

대학생활은 초선 의정활동 2년여를 남기고 마무리되어갔다. 2014년 6월, 나는 재선에 도전하여 성공했고, 이미 광운대학교 대학원에 진학하여 사회복지학을 전공하고 있었다. 사회복지 분야는 행정에서 비교적 새로운 분야지만 날로 비중이 높아가는 분야인 데다가 현장을 모르고서는 전문가라 할 수 없을 만큼 고도의 전문성이 요구되는 분야여서 체계적인 공부가 필요했다. 그러면서 나의 2기 의정활동에서도 자연히 사회복지 정책에 관심을 더 기울이게 되었다.

나의 의정활동은 재선으로 무르익어서 상임위 활동에도 더욱 적극적으로 임했으며, 야당과의 협상과 집행부와의 조율을 책임지는 민주당 원내 수석부대표의 중책을 맡게 되었다. 원내 교섭단체 간에 이견이 첨예하게 맞서는 사안이 많았으므로 고도의 협상력과 인내심이 필요한 자리였다. 나는 진정성을 가지고 끝까지 설득하는 한편 본질을 훼손하지 않는 선에서의 타협과 절충을 통해 원만하게 교섭을 이끌었다. 내가 수석부대표를 맡은 이후 지금까지 야당과의 극단적인 대립이나 의회 파행과 같은 불상사는 한 번도 없었다. 나의 2기 의정활동도 막바지에 이른데다가 지자체장으로서의 역량을 염두에 둔 터라서 나는 의정활동에 임하는 마음가짐부터가 남다를 수밖에 없었다.

서울시는 어느 지자체보다 탄탄한 시민조직이 견제세력으로 성장해 있는데다가 박원순 시장이 취임한 이후로 여러 면에서 앞서가는 행정체계를 구축하고 있어 다른 지자체에서 벤치마킹할 요소가 많다. 이런 서울시에서의 의정활동 8년의 경험은 지자체장으로서 행정을 펴는 데 무엇보다 큰 자산이 될 것이다. 나의 정치는 이미 이룬 성취에 안주하지 않고, 세상을 바꾸는 길로 나아갈 것이다. 그 길이 아무리 험할지라도 마다하지 않을 것이다.

[인터뷰] 문상모의 특별한 의정활동

2016년 6월 28일 오후, 서울특별시야구협회가 위치하고 있는 서울 중랑구 망우로 소재의 서울특별시체육회관의 대회의실에서는 서울특별시야구협회의 주관으로, 관내 중학교와 고등학교 엘리트 야구부의 학부모들을 청중으로 초대한 〈엘리트 야구의 당면 과제와 서울시 체육정책에 관한 토론회〉가 열려 현재 중고등학교에서 야구부원으로 활약 중인 엘리트 야수선수들의 진로와 진학에 관한 패널들의 주제 발표와 질의응답 등의 활발한 토론을 벌였다. 이날 초청된 전문가 패널 그룹에는, 서울특별시교육청 김석균 장학사와 스포츠서울 기자 고진현 체육부장, 그리고 서울특별시의회의 문화체육관광위 부위원장이며 서울특별시야구협회의 정책자문위원장 문상모 서울특별시의회 의원이 있었나.

그 중 서울시의회 문상모 의원은 2016년 8월 서울특별시야구협회가 주최하는 제35회 세계청소년야구대회의 예산 확보를 위해 많은 노력을 아끼지 않았을 뿐만 아니라 평소 엘리트 체육 분야인 학원 스포츠는 물론, 생활체육의 활성화와 이에 대한 정책적인 뒷받침 그리고 서울시의회 차원에서의 예산에 관한 지원까지 포괄적으로 다루어온, 서울시의회의 체육, 사회복지 분야의 전문가다. 학창 시절 운동선수로, 태권도 공인 5단의 실력을 가지고 있으며, 의정활동과 병행한 대학에서는 행정학을 전공한 후, 대학원에 진학하여 사회복지학을 전공했다. 이날 전체 토론이 끝난 후 문상모 의원과 별도로 인터뷰를 가졌다.

[문] 오늘 열린 토론회에 전문 패널로 참석한 의미와 소감은 무엇인가?

[답] 어릴 때부터 철학과 인문학 등에 관심이 많았다. 나는 개인의 삶이나 공동체의 생활, 크게는 어느 한 국가의 정치에도 근본에는 그것을 영유할 "가치철학" 이 있는지, 있다면 어떤 것인지를 가장 먼저의 화두로 삼고 내가 해야 할 역할을 항상 생각한다. 내가 생각하는 현재의 대한민국은 가치의 철학조차 있는 것인지 의문이 많이 드는 상황인데, 개인의 삶에서 청소년들에게는 미래의 꿈도 없는 것 같고,?기업들은 건전한 상도도 없는 것 같다. 그래서 돈이면 제일이고, 반칙해도 1등만 하면 그만인 그런 세상에서 우리는 살고 있다는 생각이다. 오늘 토론회에서도 내가 강조한 것은 초중고 야구선수들의 학부모들에게, 우리 아이들을 박찬호나 추신수 같은 야구로 크게 성공한 인물을 두고 자식들 장래를 기대하는 것보다는, 한 사람의 인격이 갖추어진 성인으로 성장하여, 사회의 구성원 모두와 더불어 행복한 삶을 살아갈 수 있는 건강한 아이들로 키우고자 하는 것이었다.

[문] 그런 문제에 대한 구체적인 개선 방향이나 계획은 있는가?

[답] 지난 2014년 지방선거 때 내가 사용했던 캐치프레이즈는 "우리 아이들이 행복한 공릉동 민지아빠 문상모" 였다. 오늘 토론회에 모인 학부모들도 분명히 자신들이 아닌 아이들의 미래를 위하여 참석했을 것이다. 그런데 이렇게 자식들을 키우다 보면, 그 뒷바라지가 아이의 미래에 관한 것인지, 아니면 학부모의 미래나 본인들의 만족을 위해서인지가 모호해질 때가 있다. 다시 말해서 아이들의 삶과 진로, 진학을 통한 미래의 직업은 온

• 거제의 부활

전히 아이들이 선택해야 할 길임에도 어떤 때는 부모든 선생님이든 어른들이 과도하게 개입해서 문제를 만들게 된다. 이런 것들을 어떻게 정책적으로 해결할 수 있을지, 어떤 교육환경을 만들어야 개선될 것인지, 오늘의 토론회가 그런 계획을 구체화하는 데 도움이 될 것 같아 참석하게 되었다.

[문] 평소 생활체육은 물론이고 엘리트 체육 분야인 학원 스포츠에도 많은 관심을 보이고 있다. 정책에서 예산 지원에 관한 사안까지. 어떤 시각에서 이 두 분야를 바라보고 있으며, 정책적 뒷받침으로는 어떤 계획을 갖고 있는가?

[답] 사실 두 분야는 다르지 않다. 체육이라는 것은 모든 사람들에게 건강하고 만족스러운 삶을 제공해주는 활동이다 근래에 엘리트 체육과 생활체육 단체들의 통합에서 보듯이 이 두 분야는 동일한 것인데, 그동안 우리나라는 대학입시에 스포츠 분야도 예속되어왔다. 체육특기생의 입학제도 때문에 학업 공부는 소홀히 한 채 운동에만 몰입되어 오랫동안 많은 부작용을 낳았는데, 이제는 시급히 바로잡아야 할 중대한 사안이다. 탁구 같은 종목을 보면, 현재 1부 리그에서 7부 리그까지 나뉘어 상위 리그에는 엘리트 선수들이 활약 중인 실업팀들이, 하위 리그로 갈수록 동호회나 취미 생활로 탁구를 접하는 일반 시민들이 리그 전체를 형성하고 있다. 나는 이런 구조가 체육활동 본연의 가치를 살린다고 본다.

[문] 현재 경기도 과천 서울랜드에 서울특별시의 예산을 투입하여 2면의 야구장을 건설하고 있는데, 이 사업을 서울시의원으로 주도했다. 서울이

아닌 과천에 건설하는 이유는 무엇이고, 야구장의 활용 계획은 어떻게 되는가?

[답] 사실 우리나라에서 가장 큰 광역도시인 서울이지만, 서울에는 야구장을 신설할 부지가 없다. 서울시의원이 된 이후, 많은 체육인, 특히 야구인들로부터 서울에 야구장이 크게 부족하니 야구장을 신설해달라는 민원을 많이 받았다. 지난 2012년 서울시에 전담 팀을 구성하도록 했는데, 그 팀에서 서울시 부지를 전수조사 한 결과 서울시 내에는 야구장을 신설할 만한 부지가 없어서 서울과 인접한 과천 서울랜드 소재의 복돌이동산에 부지를 마련하여 신설하는 계획을 구상하게 되었다. 과천시가 부지를 제공하고 서울시가 건설비를 투입하여 공동으로 건설한 후 서울시민과 과천시민이 함께 사용하기로 한 것이다. 서로 부족한 것을 채우는 윈-윈 전략의 좋은 본보기라고 생각한다. 여기에 신설하는 야구장 2면 가운데 하나는 성인용 규격으로, 다른 하나는 유소년용 규격으로 지어진다. 이 2면의 구장은 올해 완공될 예정이고, 30억 원의 예산이 투입되었다.2017년에도 예산을 추가로 투입하여 야구장 한 면을 더 신설할 예정인데, 과천시와 같은 방식으로 의정부시와 협의 중이다.

[문] 얼마 전에 노원구의 체육 시설로 배드민턴 실내경기장을 예산 지원하여 완성시킨 것으로 알고 있다. 그 경기장이 '경량막 구조' 형태로 건설되었다고 하는데, 경량막 구조란 무엇인가?

[답] 어떤 체육시설을 건설하기 위한 나의 우선 개념은 "건축물을 위한 체

육시설"이 아닌, "체육시설을 위한 건축물"이다. 경량막 구조 건축은 알루미늄을 주재료로 사용하는 건축공법으로, 녹을 방지하고 이동이 용이하며 관리가 편하고 비용도 저렴하다는 장점이 있다. 시민들 삶의 질이 향상될수록 체육시설도 확장될 것이고, 그 설계도 변경될 것이라는 예측 하에 적합한 건설공법으로 만들게 했다. 공릉동 육군사관학교 내에 시민들의 체육시설로 건설한 테니스장도 같은 공법으로 만들었다.

[문] 얼마 전에는 의정활동으로 동남아의 라오스도 방문하고 돌아왔다. 어떠한 의정 업무로 갔는가?

[답] 서울특별시와 라오스 간의 스포츠 교류를 목적으로 방문했다. 라오스의 문화체육부 차관과 라오스올림픽위원회?위원장과 만나 스포츠 교류에 관해 논의했다. 라오스는 지리나 기후 여건상 우리나라 각 스포츠 종목, 특히 야구나 축구 그리고 골프 같은 실외 스포츠의 겨울철 동계 전지훈련지로도 적합한 곳이라고 생각한다. 게다가 물가가 워낙 싸서 저비용으로 장기간 훈련하기 좋은 곳이다. 현재 골프 팀을 운영하는 고려대를 중심으로 현지에 전지훈련장 건설을 계획하고 있다.

[문] 재선 서울시의회 의원으로, 특히 체육과 사회복지 그리고 교육 분야에 확실한 족적을 남기며 활발한 의정활동을 펴고 있다. 이런 경험을 바탕으로 기회가 되어 국회로 진출하게 된다면 어떤 분야를 다루고 싶은가?

[답] 교육 분야에서도 특히 입시제도를 다루고 싶다. 교육은 국가와 사회

의 백년 후 미래를 만드는 가장 중요한 분야이고, 그 중심에 있는 대입제도를 비롯한 입시제도가 있다. 그런 입시제도를 우리 학생들이 마음껏 창의력을 키우고 개성을 펼치는 가운데 행복하게 공부할 수 있는 학교 선택이 될 수 있도록 개선하고 싶다.

- 작성자 jayscope

2016. 7. 3. 아이러브베이스볼(www.ilovebaseball.co.kr) 게재

2016. 7. 일요시사신문(www.ilyosisa.co.kr) 게재

• 거제의 부활

문상모 정치의 핵심 화두, 공동체 부활

●

●

나와 너의 경계는 담장으로 갈린다. 담장은 벽이다. 벽의 안쪽은 그 안에 사는 사람들의 독립성을 담보하고, 벽의 바깥쪽은 그 벽 안의 공간을 범하지 말라는 배타성을 상징한다. 담장은 나와 내 것들을 외부 세계로부터 보호하는 역할도 하지만, 신분이나 계급을 구분하는 역할을 하기도 하고, 각자를 자기 세계 안에 가두고 서로 격리시키는 역할을 하기도 한다.

우리나라는 근대 이전에는 비록 계급사회였지만 일찍이 마을 공동체 의식이 강했다. 두레는 대표적인 상징이다. 관청이나 일부 대갓집을 제외하고는 담장이 아니라 성긴 울타리로 겨우 영역만 표시했을 뿐, 밖으로부터 나를 가두지도 않았고 안으로부터 남을 밀어내지도 않았다. 이처럼 마을은 안팎이 서로 들여다보이는 사방으로 열린 공간이었다. 그러니 굳이 애쓰지 않아도 마을은 그 자체로 공동체였다.

담장은 현실의 경계를 구분하는 것 말고도 마음의 벽으로 작용하기도 한다. 사실 마음의 벽은 대개 현실의 벽이 투영된 결과이기도 하지만 한번 쌓이면 좀처럼 허물기 어렵다. 우리 사회도 급속한 산업화·도시화 과정을 겪으면서 대가족이 분열되어 핵가족 사회를 이루었다. 그러면서 거대한 아파트 숲만 남고 마을은 사라졌다. 가족공동체, 마을공동체, 지역공동체가 급격하게 무너지면서 마음의 벽은 높아지고 아파트 각 집마다의 철문은 극단의 개별화를 낳았다. 심지어는 바로 이웃에서 서로 모른 채 수년을 살기도 한다. 높은 담장을 두른 관공서나 학교는 또 그들대로 지역 주민들과 따로 놀았다. 이런 것은 관성이 되어 당연한 것으로 여겨졌다.

나는 정치를 시작하면서 이렇게 붕괴된 공동체 부활에 비상한 관심을 기울이고, 여러 모로 그 방안을 모색했다. 내가 의정활동 8년간 제시하고 실천한 공동체 부활의 3대 비전은 마을을 복원하고 지역사회를 하나로 소통시키는 것, 공동체의 일원으로서 더불어 사는 덕성을 함양하고 특히 공직자의 도덕성을 회복하는 것, 옴부즈맨 같은 제도적 뒷받침으로 시민 감시와 참여의 확대는 물론 시민이 만들어가는 공동체를 지향하는 것이었다.

1994년 문민정부는 국무총리 산하에 국민고충처리위원회를 설립하여 행정부에 대한 종합적인 옴부즈맨 제도를 도입했다. 2005년 참여정부는 국무총리 산하 국민고충처리위원회를 대통령 직속 국가 행정 옴부즈맨으로 개편한다는 '옴부즈맨의 설치 및 운영에 관한 법률안'을 제출했다. 그러나 대통령의 권력을 강화하기 위한 시도라며 한나라당(현 자유한국당)이 반대하여, 2007년까지 이 법률안은 통과되지 못하다가 이후 '국민고충처리위원회의 설치 및 운영에 관한 법률'로 제정되었다.

나는 일찍이 서울과학기술대학교에서 행정학을 전공하면서 공동체의 개념과 그 활동성 그리고 영향력 등에 관해서도 배웠는데, 그때의 은사님이 내가 의정활동을 할 때는 모교 총장으로 계셨다. 한번은 총장님과 지역사회 복원이라는 화두로 논의하다가 교정에 마을버스를 운행하자는 안이 나왔다. 그래서 총장님과 나는 서울시와 버스업계, 지역대표와 학생들을 모아 수차례의 회의를 통해 오늘날 서울대학교 다음으로 학교 교정 안으로 마을버스가 운행하도록 했다. 자연히 마을(지역주민)과 학교(학생)가 하나로 이어져 일체감을 형성함으로써 진일보한 공동체로 가는 하나의 주춧돌을 놓았다.

내가 지역구(공릉동)인 공릉동에서 일으킨 대표적인 공동체 부활 운동은 2011년부터 시작한 "청소년의 꿈에 날개를 달아주는", '꿈나르샤 축제' 다.

지역의 공릉청소년문화정보센터가 거점이 되어 공릉동꿈
마을공동체가 만들어지고 서울특별시, 노원구가 후원하는 이
축제는 한 해도 거르지 않고 열려왔는데 해가 갈수록 내실과
인기가 더해가고 있다. 2017년 9월 9일에는 개막식에만 7,000
여 명이 참여한 가운데 제7회 축제가 "삐뚤빼뚤 우리답게 사
는 방법"이라는 주제로 6호선 화랑대역앞과 무지개 공원, 경
춘선 공원길에서 열렸는데, 지역 청소년들이 직접 준비와 진
행을 맡고, 어른들이 돕는 형태로 구성되었다.

2017년 제7회 꿈나르샤 축제를 알리는
포스터

지난 2013년 열린 제3
회 축제는 "마을 안에서
행복을 찾아가는 101가
지 지혜"로 진행되었는
데, 주민자치센터, 복지
관, 학부모회, 학교 홍보
동아리, 지역 모임 등 공
릉동 24개 단체가 모여
만든 꿈마을공동체가 1
년 동안 회의를 거쳐 함

• 거제의 부활

께 준비했다. "나는 무슨 일을 하며 살아야 할까?" 라는 청소년
의 고민을 나눈 제2회 축제에 이어 "어떤 삶을 살아갈 것인가?"
라는 물음에 대한 답을 마을 안에서 찾을 수 있도록 하고 '이웃
을 통해 꿈꾸는 삶'을 느끼도록 했다. 그뿐만 아니라 마을공동
체가 만들고 온 마을 사람이 어울려 즐기는 참여마당과 공연
마당도 펼쳐졌다. 이처럼 온 지역사회가 세대를 넘어 그야말
로 혼연일체가 되어 함께 준비하고 함께 열고 함께 즐기는 이
축제는 지역에 전에 없는 활력을 불어넣고 있다.

서울시 체육인의 밤 행사에서 박원순 시장과 함께

나는 일찍이 지역구(공릉동)의 4개 대학(서울과학기술대학
교, 서울여자대학교, 삼육대학교, 육군사관학교)과 인근 월계

동의 2개 대학(광운대학교, 인덕대학교)를 하나로 엮은 협의회를 구성하여 구청과 함께 서로 윈-윈 하는 방식을 통해 학교와 지역사회의 적극적인 개방과 소통을 이끌었다. 공동체의 복원 또는 부활의 실마리는 무슨 거창한 사업을 새롭게 벌이는 데 있지 않고 가로막혔던 담장을 허물고 소통함으로써 지역의 각 주체들이 하나로 어우러지도록 하는 데 있다고 할 것이다. 즉, 연대와 소통 그리고 나눔이 공동체 부활의 핵심 키워드다.

이런 노력으로 인해 철옹성 같던 육군사관학교(육사)의 문도 지역주민에게 활짝 열렸다. 그 내력을 2017년 1월 5일자 서울일보가 상세히 전한다.

서울특별시의회 문상모 의원은 지난 12월 29일 육군사관학교로부터 감사패를 수여받았다. 육군사관학교는 2015년 12월 9일 대한테니스협회와 업무협약을 체결해 총 30면의 기존 테니스장을 전면 보수하여 우선적으로 육군사관학교 생도들과 장병들이 쾌적한 환경 속에서 체육활동을 할 수 있게 되었으며, 한국 테니스의 메카로서 자리매김을 목표로 국제, 국내의 각종 대회를 열고 있다.

특히, 육군사관학교 실내 테니스장(6면)은 이동 및 관리가 용이하고 비용이 일반 콘크리트 건축물에 비해 저렴한 것으로 알려진 경량막 구조 건축물로 지어져 서울시내 체육시설의 향후 건축 트렌드를 선도한다는 점에서 큰 관심을 받았다.

이번 문상모 의원의 감사패 수여는 육군사관학교 테니스장 전면보수를 추진하기 위한 민관 협력의 교두보 역할을 함과 동시에 시민들의 생활체육 활성을 위한 육군사관학교 테니스장의 시민 개방을 이끌어 낸 공로를 인정받은 것이다.

육군사관학교는 테니스장뿐 아니라 야구장 부지를 무상으로 제공하여 서울시 체육기금 15억 원과 노원구 예산 1억 원이 투입되어 2016년 12월 7일 야구장 1면을 완공했고, 이후 노후화된 실내 테니스장을 리모델링하여 전용 탁구장과 배드민턴장 등의 체육시설물을 확충했다. 이런 체육시설들은 지역주민들에게 개방하는 것을 전제로 추진되고 있으며, 육군사관학교는 이 모든 것들이 문상모 의원의 탁월한 추진력이 바탕이 된 것이라 밝히며 감사의 뜻을 전한 것이다.

불암산 3부 능선에 위치하여 아름다운 캠퍼스로 유명한 삼육대학교 안에는 숲과 함께 그림 같은 제명호수가 있다. 학교 재단과 협약을 맺고 그 제명호수 주변의 수변공간에 등산로와 유아 숲체험장을 설치하여 지역주민과 공유하도록 한 것도 공동체 부활 운동의 하나다. 그리고 '금남의 집'으로 지역사회에 오랫동안 닫혀 있던 서울여자대학교의 개방을 서울시와 연계하여 이끌어낸 것도 좋은 성과였다.

나는 문화체육관광 분야는 물론 이런 공동체 부활과 같은 우리 시민들이 일상생활에서 행복감을 느낄 수 있는 실사구시實事求是의 정책을 개발하고 추진함으로써 지역주민은 물론 서울시민들의 폭넓은 지지와 성원을 받았다. 나는 지난 8년간의 열정에 찬 의정활동을 과분하게도 '대한민국 유권자 대상' 수상으로 보답을 받았다. 그 소식을 2017년 6월 16일자 시사매거진이 전한다.

> 서울특별시의회 문화체육관광위원회 문상모 의원(더불어민주당, 노원2)은 지난 15일 여의도 사학연금관리공단 강당에서 열린 2017 대한민국 유권자 대상 시상식에 참석해 유권자시민행동에서 수여하는 '2017 대한민국 유권자 대상'을 수상했다. '2017 대한민국 유권자 대상'은 매년 유권자의 날을 맞이해 유권자시민행동, 직능경제인단체총연합회, 골목상권살리기소비자연맹, 한국시민사회연합 등 290여 시민사회단체, 직능단체, 중소상공인들이 공동 출범한 '유권자시민행동'이 주관해 유권자와의 공약을 성실히 이행하고, 지역사회와 정책현장에서 본연의 책무에 충실해 국민의 어려움을 해소하기 위해 노력한 공직자를 표창하는 상이다. 문상모 의원은 지난 19대 대통령 선거 당시 더불어민주당 중앙선대위 직능본부단장을 역임해 1천만 직능인과 720만 중소기업인을 위해 헌신한 바 있다. 서울시의회 문화체육관광위원회 위원으로 7년째 활동 중이며, 서울특별시립학교 시설의 개방 및 이용에 관한 조례 일부개정조례안을 발의해 학교시설 사용료를 인하해 현실화함으로써 지역 주민들의 생활체육과 평생교육 활성화에 기여했으며 평소 서울시 체육정책에 대한 지대한 관

심과 노력을 기울여 선도적이고 창조적인 정책 행보를 보이고 있다. 문상모 의원은 "대한민국 유권자들이 주는 상을 받게 된 것에 매우 뜻 깊게 생각하며 서민들의 어려움을 해소하기 위해 더욱 노력하는 시의원이 되겠다"며 "지역경제 활성화와 시민의 행복한 삶을 위해 현장중심 소통으로 시정전반에 걸친 계획들이 목표대로 잘 마무리 될 수 있도록 최선을 다하겠다"고 소감을 밝혔다.

PART 4

거제의
역사와 유산
그리고 현실

거제 시정의 가장 시급한 현안은
양대 조선소를 일정한 수준에서 안정화시키고
공백이 생긴 부분은 대안을 마련하여 대체해야 한다.
그리고 충분한 타당성 검토 없이
마구잡이식 개발 사업을 벌이고 있는 시정 방향도
바로잡아야 한다.
신자본주의의 탈을 쓴 폭력적 개발주의는
이제 더 이상 시민의 행복에 기여할 수 없다는 것이
이미 증명되었고, 또 증명되고 있다.
이제 시민의 행복을 위한 키워드는 개발이 아니라
공존이다.

거제도에 얽힌 전설 그리고 고대의 거제

●

●

　거제도에는 뜻밖에도 중국 진시황의 불로장생 관련 전설의
흔적이 남아 있다. 서불과차徐市過此 전설이다. 영생을 꿈꾸는
진시황에게 동남동녀童男童女 3,000명을 모집해주면 동방의
삼한으로 가서 불로초를 캐오겠다며 큰소리치고 삼한으로 건
너온 서불(徐市)은 서복徐福이라고도 하는데, 그 "서불이 이곳
을 지나갔다"는 말이 서불과차다.

　갈곶리乫串里 해금강海金剛을 돌아 대소병대도大小竝垈島로 가
는 해변 절벽에 있는 바위의 변색 흔적에 '徐市過此서불과차'
가 새겨져 있었는데, 1959년 사라호 태풍으로 글자가 쓰인 바
위가 떨어져 나가고 흔적만 남아 있다.

　서불이 해금강 절경에 도취된 나머지 봉래산(금강산)을 가지
못하고 이곳에 머물다가 일본으로 갔다는 것인데, 이 산 정상
을 제석봉(가뭄에 기우제를 올렸다고 하여 우제봉이라고도
한다)이라 하고, 낭떠러지 바위는 서불이 지나갔다고 하여 서

불이바위라 한다. 그런데 서불이 해금강만 지나간 게 아닌 모양이다. 남해 금산錦山에 머물던 서불은 딱히 할 일이 없어 사냥만 하다가 떠나는 아쉬움에 금산 바위에도 자기가 지나갔다는 흔적을 새겨놓고는 제주도로 갔다. 진시황에게 큰소리는 쳤는데 불로초를 구할 일이 막막해진 서불은 귀국을 할 수도 없는 터여서 우왕좌왕한 것으로 보인다. '서귀포西歸浦'라는 지명은 "서불이 서쪽으로 돌아갔다"는 데서 비롯한 것이다. 서불은 정방폭포 안쪽 바위에도 '徐市過此서불과차'를 새겼다는데, 가는 데마다 그리 흔적을 남긴 뜻은 뭘까 싶다.

생전의 성철性徹 스님은 서불의 전설을 재미나게 풀이했다. 서불이 삼한으로 건너올 때 데려온 일행은 동남동녀 각 3,000명, 모두 6,000명이라고 봤다. 서불은 영생의 욕망에 사로잡힌 진시황의 심리를 이용하여 동남동녀 6,000명을 얻은 다음 삼한의 남해 섬에 정착해 자신의 왕국을 건설할 속셈으로 갔다"는 서사를 들어 "서불이 만든 나라가 일본이라는 설도 있다"고 했다.

서불은 제나라 출신으로, 신선의 술법을 닦는 사람으로 진나라로 갔다. 기원전 219년부터 기원전 210년 사이에 진시황秦始皇의 명을 받아 5,000명의 사람과 3,000명의 동남동녀童男童女를 60척의 배에 나눠 싣고 불로초不老草를 구하러 삼신산三

神山을 찾아 떠났다고 한다.

서불은, 1990년대에 중국 강소성 금산향 서복촌에서 서불과 관련된 유물이 발견되면서 실재했던 인물로 확인되었다.

거제 해금강

전설이기는 하지만 서불이 넋을 놓을 정도로 아름다운 거제도의 절경은 사실 비견되는 곳을 찾기가 어렵다. 이런 천혜의 자연자산을 가진 거제도가 "미래의 먹거리를 마련한다"는 미명 아래 자행되는, 개발업자들만 배불리는 난개발에 시달리고 있다니 참으로 안타깝다.

거제도의 자연과 역사를 찬찬히 살펴보면 거제도는 무한한 잠재력을 지닌 매력적인 섬이다. 거제도에 사람이 모여 살기 시작한 흔적은 서기전 3000년경에 시작된 신석기시대부터 찾아볼 수 있다. 그전에 구석기시대에도 사람이 살았을 것으로 추측하지만 아직 그때의 흔적이 발견되지는 않고 있다.

거제면, 일운면, 이수도, 내도, 대포, 남산 등에서 발견된 패총으로 보면, 거제도 신석기시대 사람들은 해안선을 따라 정착했다. 거제도의 청동기시대는 지세포리·청곡리·학산리 고인돌 등의 유적으로 미루어 서기전 1000년경에 시작된 것으로 보인다. 고인돌에는 남방식과 북방식이 있는데, 거제도의 고인돌은 남방식이다. 북방식은 탁자식이라고 해서 잘 다듬어진 높은 받침돌을 기둥처럼 세우고 그 위에 덮개를 씌우는 고인돌이다. 그에 비해 남방식은 바둑판식이라고 해서 낮은 받침돌을 여러 개 놓고 그 위에 덮개돌을 올려놓는 고인돌이다. 그 밖에도 개석식이라고 해서 받침돌 없이 널찍한 바위만 올려놓는 고인돌이 있는데, 큰돌무덤이라고 한다.

청동기시대에서 철기시대로 넘어가면서 거제지역에도 비록 소국이지만 초기국가가 형성된 것으로 보인다. 이때 한반도 남부에 형성된 대표적인 연맹국가가 삼한三韓, 즉 마한馬韓·진한辰韓·변한弁韓이다. 마한은 지금의 경기·충청·호남 지역을 아우르고, 진한은 영남 동북지역, 변한은 영남 서남지역을 아울러가고 있었다.

삼한은 서기전 1세기경에 북쪽에서 유입된 위만조선의 유민이 남하하면서 성립된 것인데, 초기에는 목지국(금강유역)의 진왕辰王이 주도한 마한이 가장 강성했다. 2세기에 들어서면서 진한과 변한이 점차 강성해짐에 따라 경주 일대의 사로국斯盧國, 김해 일대의 구야국狗邪國이 대두하고, 한강 하류 일대에서는 백제국伯濟國의 성장이 두드러졌다.

그런데 《삼국사기》에는 3세기 무렵 포상팔국浦上八國이 변진弁辰 지역의 나라들을 공격했다가 오히려 역공을 받아 망하는 기사가 나온다. 거제지역은 아마도 그 8국 중 하나였다가 변진 24소국 가운데 독로국瀆盧國이었거나 그에 속한 것으로 보인다.

《삼국지》〈위지동이전〉 '변진조' 의 "변진독로국은 왜와 경계를 접하고 있다" 는 기사로 보아 독로국이 변진의 최남단에 위치했음을 알 수 있으며, 정약용은 《아방강역고我邦疆域考》 〈변진별고弁辰別考〉에서 독로국을 거제도로 보았다. 최근에는 독로국이 동래라는 주장이 우세하지만 《삼국사기》에 당시 동래지역은 거칠산국居漆山國이었다고 한 것에 비춰보면, 다산의 비정대로 거제도가 독로국이었을 개연성도 무시할 수 없으며, 적어도 독로국에 속했을 가능성은 큰 것으로 보인다.

이후 삼국이 정립되면서 신라에 복속된 거제도는 757년(경덕왕 16)에 거제군이 되었다. 고려시대 들어 대체로 진주목에

속해 영현領縣, 기성현岐城縣, 거제현으로 개칭되었다. 조선시대 들어 거제현과 거창현을 합하여 제창현濟昌縣으로 개편했다가 세종대에 다시 분리하여 거제현으로 돌렸다.

거제도 유배에 얽힌 사연 그리고 중세의 거제

●

●

고려 의종 때에 무신의 난(1170)을 일으켜 권력을 장악한 이 의방이 임금을 오늘날 둔덕면 일대의 둔덕기성屯德岐城에 유폐했다. 이 성은 일제강점기에 발간된 《통영군지統營郡誌》(1934)의 기록에 따라 폐왕성廢王城으로 불리다가 2010년 문화재청이 사적(史蹟, 509호)으로 지정하면서 《신증동국여지승람新增東國輿地勝覽》(1530)의 기록에 따라 둔덕기성으로 옛 명칭을 되살렸다. 둔덕면 우봉산(326m) 자락에 위치한 이 성은 7세기경 신라의 축성법과 일치하여, 삼국시대에 처음 쌓고 고려시대 들어 고쳐 쌓은 것으로

둔덕기성(사적 509호)

• 거제의 부활

보여 건축사학적 가치가 높다.

  의종이 유폐된 지 3년이 지난 1173년, 동북면병마사 김보당이 의종 복위를 내걸고 군사를 일으킨 후 장순석 등을 거제도로 보내 의종을 경주로 모셔와 시위하도록 했다. 그러자 이의방이 이의민을 경주로 보내 먼저 의종을 제거했다. 의종은 총애했던 장수 이의민에게 경주의 곤원사坤元寺에서 살해되어 연못에 던져졌다. 이에 김보당의 반란군도 크게 기세가 꺾여 진압군에 패주하고 김보당은 붙잡혀 참수되었다.

  의종의 피살 소식을 들은 둔덕기성의 남은 신하와 백성들은 섣달그믐 의종 추모제를 지냈다. 이 추모제는 1900년대까지 이어지다 끊겼는데, 거제수목문화클럽이 2008년 10월에 추모제를 다시 열면서 이어지고 있다. 한편, 둔덕기성 남쪽에는 2007년에 발굴된 연지蓮池가 복원되어 있다. 발굴 당시에 연못에서 고려청자와 기와 등 통일신라 및 고려의 유물 수백 점이 발굴되어 의종의 유폐와 관련된 성의 역사를 말해주고 있다.

  고려 말 왜구의 창궐로 1271년(원종 12) 백성들과 두 현의 치소(治所)를 거창과 진주로 피란시킨 후 거제도는 잦은 왜구 침탈로 폐허가 되었다. 이에 조선 세조 때는 산달포(거제면 산달도)에 경상우도 수군절도사영을 설치하고, 성종 초에는 도내

7진에 수군만호를 두어 경비를 강화했다. 임진왜란 때는 옥포해전, 한산해전, 칠천량해전의 주요 무대가 되었으며, 우수영은 임진왜란 후 오아포에서 고현성으로 옮겼다.

임진왜란 이후 거제도는 숱한 정객들의 유배지가 되었는데, 제2차 예송논쟁에서 패배한 노론의 영수 송시열宋時烈, 송시열의 문인으로 서화書畵에 뛰어났던 김진규金鎭圭, 갑자사화 때 폐비 윤씨(연산군 생모)의 복위를 반대한 홍문관 응교 이행李荇, 갑자사화 때 처형된 홍귀달洪貴達의 아들 홍언충洪彦忠, 고종 때 흥선대원군과 반목했으나 이후 영의정을 지낸 이유원李裕元 등이 유배되어 왔다. 이행은 거제도 고절령(고자산치) 아래에 위리안치되어 관노의 신분으로 120여 수의 시를 남겨 '거제도의 시인'이 되었다.

유배객 가운데 특히 눈에 띄는 인물은 김진규다. 노론인 그는 1689년 기사환국己巳換局으로 남인이 집권하자 거제도 죽림포에 유배되어 5년간 지내면서 몰인沒人, 즉 해남海男들의 생활상과 해산물 채취 방법 등을 기록한《몰인설沒人說》을 남겼다. 정약전丁若銓이 흑산도에서 쓴《자산어보》기록보다 100년이나 앞선다.

그런데 왜 해녀海女가 아니고 해남인가. 해녀의 역사는 고대 삼국시대까지 거슬러 올라갈 정도로 오래되었지만 고려 말부터 유학의 영향으로 여인네가 허벅지를 드러내놓고 물질하는 것을 금기시하는 사회 분위기가 형성되어 한동안 남자들이 여자들의 물질을 대신하게 되었다.

성리학의 기세가 절정을 이룬 조선 중기에는 그런 경향이 두드러져 해녀는 거의 자취를 감추었다. 그래서 김진규가 귀양살이를 할 때도 해녀는 없고 해남만 있었다. 다음은 김진규가 한 잠수부와 나눈 대화 대목으로, 잠수부의 대답이 범상하지 않으니 작자가 깊이 깨달은 바를 윤색하여 기록한 것으로 보인다.

전복 맛이 좋기로는 상군(裳郡, 거제의 옛 이름)에서 나는 것이 으뜸이다. 죽림포에 사는 한 사람이 전복 따서 파는 일을 업으로 하는데, 다른 어부들보다 수입이 좋다는 소문이 났다. 전복을 팔러온 그에게 내가 물었다.

"자네 하는 일의 이득이 과연 얼마나 되는가?"

"천한 일을 어찌 묻습니까? 바다는 죽음의 땅이고, 전복은 틀림없이 바다 깊은 곳에 있습니다. 그물이 아닌 갈고리로만 잡을 수 있으며, 반드시 바닥까지 들어가야 합니다. 숨을 멈추고 머물러 찾아야 얻을 수 있습지요. 또 필시 작살로 순식간에 찍어야 곧 잡을 수 있습니다. 만약 잠시라도 굼뜨게 하면 칼을 뺄 수 없게 되며 전복도 칼을 문 채 꿈쩍도 안 합니다. 그렇게 서로 버티다가 물에서 빠져나오지 못한 사람도 있습니다. 또 바다에는 사람을 무는 사나운 고기도 많으며, 바다 속은 아주 차가워서 한여름이라도 늘 추워서 오들오들 떠니 잠수하기가 매우 어렵습지요. 그래서 열 살이 넘어서야 얕은 데서 익히기 시작해 조금씩 깊은 데로 나아갑니다. 스물 살이 되어서야 전복 잡이가 가능하고, 마흔이 넘으면 그만둡니다. 또 늘 바다에 있으니 머리카락은 타서 푸석거리고 살갗은 거칠고 얼룩이 집니다. 그 처지와 모습이 보통사람과 다르니, 다들 동무로 여기지 않고 천하게 여기므로 이 일의 괴로움이 이와 같습니다. 또 관청에 바치는 양도 다 채우지 못하는데 어찌 이득이 있겠는지요?"

"그렇다면 혹시 병이라도 나면 어쩌는가? 어째서 이 일을 버리고 다른 일을 하지 않는가?"

"다른 일이라고 물질보다 편한 게 있겠습니까? 제가 달리 할 수 있는 일이라곤 농사와 장사뿐입니다. 농부도 가뭄이나 장마에 굶주리고, 장사꾼도 사방팔방 뛰어다녀 그 괴로움이 저와 같을 것입니다. 만약 군자의 일인 벼슬을 한다면 편히 앉아서 녹祿을 먹고, 수레에 올라앉으면 시종하는 무리가 따르고, 금빛으로 아름답게 꾸민 관冠이 우뚝하고, 조정에 들면 부(府)와 성(省)을 차지하고, 지방으로 나서면 주(州)와 부(府)에 임합니다. 이것은 지극한 즐거움과 영화라고 할 만합니다. 그러나 또한 일찍이 듣자니, 아침엔 국록國祿을 먹으나 저녁엔 책망責望을 당합니다. 어제는 부와 성에 있었지만 오늘은 고개 너머 바닷가에 있습니다. 골육은 육신의 영욕榮辱을 떠나는데 안으로는 취하고 버리는 바에 막히고 밖으로는 형벌에 걸리니, 죽지 않고 능히 산 자가 드뭅니다. 그러니 벼슬살이의 위태로움이 어찌 이와 같지 않겠습니까? 저와 같은 잠수부는 참으로 괴롭고 천하지만 익숙해지면 물속 깊이 들어가 살피면서 머물 수 있습니다. 바람이 자는 것을 점쳐 물결이 잠잠해지면 귀신처럼 다니지만 발로 밟지는 않지요. 물길

• 거제의 부활

을 돌아다니면 잔물결을 치면서 가볍게 물거품 위에 머물다가 빠르게 들어갔다가 재빨리 나오니 물길의 평탄하기가 땅위의 큰길을 다니는 것과 같습니다. 그렇게 다니며 살펴보다가 번개같이 찌르니 전복 잡는 것이 고동, 조개 잡는 것만큼이나 쉽습니다. 또 쇳소리를 울리며 들어가면 사람을 무는 사나운 고기들을 물리칠 수 있고, 불을 피워 놓아 물에서 나가면 언 몸을 녹일 수 있습니다. 또 관청에 바치고 요행히 남는 전복이 있으면 집에 가져가서 처자식을 먹입니다. 먹고 힘을 내서 일하니 가정이 화목합니다. 사람들은 비록 쇤네를 천히 여기지만 저는 귀하고 천함이 따로 있는 줄을 모릅니다. 그러나 만약 사나운 바람과 거센 물결을 만나면 제가 그 어려움을 먼저 보고 배를 돌려 항구로 돌아옵니다. 때를 기다려 일하고 서로 도와 힘을 내므로 위태롭게 물에 빠지는 일이 없습니다. 농사고 장사고 다 어려우니 진실로 이 일을 버리고 다른 일을 할 까닭이 없습니다. 지극한 즐거움과 영화로움으로 나아감에 견줘보면 어찌 남이 먹여주는 것을 먹는 것이 내 힘으로 먹는 것보다 나으며, 어찌 사람을 다스리는 것이 제 일을 다스리는 것보다 나으며, 어찌 부귀영화를 귀하게 여기는 것이 제 천한 일에 욕됨이 없는 것보다 낫겠습니까? 하물며 안으로 막히고 밖으로 죄에 걸려 죽어가는 것이 때를 기다려 서로 합심하여 물에 빠지는 위태로움에서 벗어나는 것보다 낫겠습니까? 제게 또 무슨 병이 있겠습니까? 제가 고을에서 두루 보니 저 같은 사람들은 그 즐거움이 늘 편안하며, 벼슬하는 사람들이 와서 꾸짖으며 몸을 묶더라도 그 사람 역시 그 하나일 뿐입니다. 어떤 일이 더 위태롭고 편안하겠습니까? 나리는 이미 구별했을 터인데도 어찌 나리의 일을 뉘우치지 않으면서 저더러 도리어 이 일을 왜 버리지 않느냐고 책망하듯 묻는 것입니까?"

내가 그 말을 듣고 부끄러워 땀에 젖고 놀라서 입이 벌어져 한동안 대답을 할 수 없었다. 오호라, 옛사람들이 일찍이 벼슬길을 바다에 비유했으나 나는 믿지 않았다. 지금 잠수부의 말로 시험하니 벼슬길의 위태로움이 바다보다도 심하구나. 그 말을 기록하여 일을 잘못 택한 것을 슬퍼하고, 뒷날 벼슬길에 오르기를 탐하는 자들을 경계하고자 한다.

고려 말엽부터 잦아진 왜구의 침탈이 조선시대 들어서 갈수록 대규모화되고 포악해지자 지금의 고현동 일대에 고현성을 쌓았다. 1451년(문종1)에서 1453년(단종1)에 걸쳐 축성을 끝내고 현청을 이곳으로 옮긴 이후 고현성은 1663년(현종4)에 현청을 거제면으로 옮기기까지 읍성 역할을 했다.

《동국여지승람》에 따르면, 둘레 약 9.2킬로미터, 높이 약 4미터의 고현성은 몸을 숨겨 적을 공격할 수 있는 낮은 담, 입구에 기역자 모양의 옹성을 설치해 외부로부터 완벽하게 엄폐된 구조, 적의 접근을 막는 해자 등, 조선시대의 전형적인 읍성 구조를 갖추었다.

현종 때 현청이 옮겨간 뒤로 성 내부는 폐허가 되었지만, 1950년 한국전쟁 전까지만 해도 성곽은 거의 원형을 유지하고 있었다. 그러다가 연합군이 이곳에 포로수용소를 설치하면서 급격하게 파괴되어 지금은 일부(800여 미터)만 남아 있다.

・거제의 부활

제국주의 열강의 침탈과 한국전쟁

●

●

거제도는 1905년의 러일전쟁과도 연관이 있다. 제국주의 열강이 조선의 문호 개방을 거세게 요구하던 1882년 7월에 영국군 동양함대가 거제도와 통영 인근 해안을 측량하고 돌아갔다. 이어 1896년 러시아는 부동항을 얻기 위해 마산포와 거제도까지 조차하려고 했다. 1899년 조선이 마산포를 비롯해 세 곳에 개항장을 설치한 전후로 러시아와 일본은 마산포 일대를 차지하기 위해 치열한 각축을 벌였다. 이곳은 러시아로서는 일본을 직접 겨냥할 수 있는 거점인 반면, 일본으로서는 한반도 진출과 함께 러시아의 남하를 견제할 수 있는 전략적 요충이었다.

그러는 중에 고종의 아관파천(1896)으로 조선에서 러시아의 정치적 우위가 성립된 데다가 1900년 러시아가 만주를 점령하자 이토 히로부미는 "일본은 만주에 대한 러시아의 주도권을 인정하고, 러시아는 한반도에 대한 일본의 주도권을 인정하는" 제안서를 들고 러시아와 협상에 나섰다. 그러는 중에 이미 청일전쟁의 압승으로 한껏 고무된 일본은 여차 하면 일전을 불사할 계획으로 러시아를 견제하던 영국과 영일동맹(1902)을 맺었으며, 유대인 금융자본가 제이콥 헨리 시프의 적극적인 도움으로 막대한 금액의 국채를 미국의 채권시장에 판매하여 전비를 마련하고 로스차일드 가문의 지원을 확보했다.

러시아가 일본의 제안을 거절하고 새로운 제안을 내밀자 전쟁 준비를 마칠 때까지 시간을 끌던 일본은 1904년 2월 돌연 협상을 중지하고 선전포고도 없이 러시아 함대를 공격함으로써 러일전쟁을 일으켰다. 구미 열강의 일방적인 예상을 뒤엎고 일본이 승리함으로써 로스차일드 가문은 채권시장에서 상당한 수익금을 챙길 수 있었다. 러일전쟁 승리 직후 미국과의 밀약으로 조선에 대한 지배권을 보장받은 일본은 이후로 거칠 것이 없었다. 조선은 이때부터 사실상 일본의 식민지였다.

거제군은 1914년에 용남군과 더불어 통영군에 통합되었다가 1953년에 다시 거제군으로 분리되었다. 한국전쟁 중에는 연합군에 의해 대규모 포로수용소가 설치되어 현대사의 주요 무대로 등장했다. 1971년에 거제대교가 개통되어 통영군과 연결된 이후 1974년에는 삼성중공업 거제조선소가 들어서고, 1981년에는 대우옥포조선소(현 대우조선해양)가 착공 8년 만에 준공을 보았다. 1993년 선박 수주 세계 1위를 달성하기까지 거제는 우리나라 주요 공업도시로 성장했다.

1989년에는 장승포읍이 장승포시로 승격하면서 거제군에서 분리되었다가 1995년에 장승포시와 거제군을 아우르는 도농복합 형태의 거제시로 통합되었다.

1999년에는 신거제대교가 개통되어 거제대교를 대체하고, 2010년에는 부산광역시 강서구 천가동에서 가덕도를 거쳐 거제시 장목면을 잇는 거가대교가 개통됨으로써 거제도는 사실상 육지가 되었다.

이렇게 거제도의 오랜 역사를 일별했지만 거제 역사에서 가장 인상적인 장면은 한국전쟁 중의 대규모 포로수용소 설치와 1.4후퇴 때의 엄청난 피난민 유입일 것이다.

1950년 11월, 유엔군은 연초면에서 남부면에 이르는 넓은 지역(12km²)에 대규모 수용소를 설치하기 시작하여 1951년 2월부터 포로를 수용했다. 1951년 6월까지 인민군 포로 15만 명, 중공군 포로 2만 명 등 17만여 명을 수용했다.

한국전쟁 발발 후 가장 먼저 만들어진 포로수용소는 1950년 7월 대전형무소 내에 설치된 수용소다. 전선이 밀리자 대전 포로수용소는 이내 대구로 옮겨져 '제100포로수용소'라는 이름으로 설치되었다. 그러나 전세 변동에 따라 매번 포로수용소를 옮길 수 없다고 판단한 한국군 지휘부는 8월, 부산 영도에 포로수용소를 설치하여 본소로 하고, 대구 수용소는 집결소로 운영했다.

미군은 그보다 먼저 부산에 포로수용소 설치를 계획하고 7월에 500명 규모의 수용소를 설치했으며, 1만 5,000명 규모로 확대했다. 그러나 급증하는 포로를 감당할 수 없게 되자 8월에 5만 명 규모의 포로수용소를 부산 동래 거제리에 새로 설치하여 한국군이 관리하던 영도 수용소를 폐쇄하고 거제리 수용소에 통합했다. 이로써 포로수용소는 한미 통합 운영 체제를 갖추고, 한국군은 포로의 급양과 경비를 맡고, 미군은 시설과 보급 및 포로 관리를 맡았다.

양측의 교전이 확대되고 중공군이 참전하면서 포로가 더욱 급증하여 기존의 수용소를 확대하는 것만으로는 한계에 봉착하자 연합군은 거제도에 대규모 수용소를 설치하기로 했다. 1951년 2월에 거제도 수용소 설치가 마무리되자 부산에 있던 포로를 옮기기 시작하여 육지에 있던 포로 이송이 거의 마무리되던 6월 말경에는 수용 포로가 15만 명에 이르렀다. 이후 최대 수용 인원이 17만여 명을 헤아렸다.

그런데다가 그해 1월에 1.4후퇴로 인한 흥남 철수 때 미 군

함에 가득 실린 북쪽 피난민들이 대부분 장승포항에 내려졌다. 문재인 대통령의 부모도 그 속에 있었다. 그래서 대통령의 출생 고향이 함경남도 흥남이 아닌 경상남도 거제가 된 것이다. 부산은 이미 피난민들로 미어터질 지경이었다. 그때 거제도로 밀려든 피난민이 무려 20만 명에 이르렀으니, 주민이 10만 명 남짓이던 거제도는 한동안 포로들까지 47만 여 명이 복작거리는 콩나물시루를 방불했다. 어쨌든 10만의 주민들은 20만의 피난민들과 더불어 그 힘든 시기를 견뎌 건너야 했다. 그렇잖아도 궁핍한 살림에 그것은 결코 만만한 일이 아니었지만 거제 주민들은 한 뼘의 잠자리와 한 조각의 음식을 나누며 그 질곡의 세월을 보듬어 안았다.

어찌 보면 거제도는 한국전쟁의 비극을 온몸으로 끌어안은 셈이었다.

맹종죽 이야기 그리고 거제도 농·어업의 잠재력

●
●

전쟁이 끝나고 포로들이 모두 떠난 거제도는 폐허였다. 주민들은 그 폐허를 다독거려 논밭을 일구는 한편 어항을 재건하고 목재를 구해다가 고깃배를 다시 띄웠다.

거제도는 사방이 바다인 섬이지만 제주도 다음으로 넓은 섬이니만큼 산지도 많고 농지도 상당한 편이다. 그래서인지 조선시대 진공進貢 목록을 보면 인삼, 표고, 맥문동, 천문동, 흑우, 초석草席(왕골·부들 돗자리), 말린 홍합, 말린 해삼, 청어, 백합白蛤 등으로 육지 산물도 다양하다.

거제 농업의 발달에는 '거제의 우장춘'으로 불린 소남蘇南 신용우辛容禹 선생이 크게 기여했다. 1895년 거제군 하청에서 태어난 소남은 진주농업학교 1회 입학생으로 진학하여 일찍이 새로운 농법에 눈떴다. 졸업하고 진영농업전수학교에서 2년간 조교로 있다가 고향으로 돌아와 새로운 농업 개척에 몰두하는 가운데 1927년 경남도의 '모범 영농인'에 뽑혀 일본에

산업시찰단의 일원으로 가게 되었다. 소남은 그 기회에 경제 작물을 집중 시찰하고 연구했다. 거제도가 아열대 해양성 기후라는 점에 주목하여 맹종죽孟宗竹 3본을 들여와 2본을 이식에 성공한 소남은 밤낮으로 5년을 매달린 끝에 맹종죽 숲을 일구는 데 성공했다.

그런데 이 맹종죽은 중국 남부가 원산지로, '설리구순 맹종지효(雪裏求筍 孟宗之孝, 눈속에서 죽순을 구한 맹종의 효도)' 라는 고사에서 비롯한 이름이다. 맹종孟宗은 중국의 삼국시대 오吳나라 강하江夏 사람으로, 학문에 열성이었고 성품이 어질 뿐 아니라 지극히 효성스러웠다. 어느 한겨울에

거제 맹종죽 숲

늙은 어머니가 죽순을 먹고 싶어 했지만 아직 죽순이 나오는 때가 아니라서 구할 수 없자 대숲에 들어가서 하염없이 슬피 울었다. 그러고 있자니 땅 속에서 죽순이 솟아나므로 가져가 요리해 드렸다. 지성至誠이 감천感天한 것이다.

소남은 이후 하청면의 권농 사무를 담당하면서 농업 발전에

힘쓰다가 1937년에 면장이 되어서는 잡목만 우거진 온 면의 야산을 맹종죽 숲으로 탈바꿈시켰다.

해방 후 다시 면장을 맡은 그는 맹종죽의 새로운 품종을 개발하여 대밭을 확대하고 대규모 밤나무 단지를 조성하는 한편 산록에는 맛이 뛰어난 포도밭을 일궜다. 무엇보다 식량의 자급률을 높여 기아를 해결하기 위해 고구마의 다산 품종을 개발하여 널리 보급했다. 그 후로도 그는 1960년 66세를 일기로 별세할 때까지 거제의 농업 발전에 헌신했다.

1960년대 들어 거제농업고등학교가 설립되는 등 1980년대까지 거제 농업은 활기를 잃지 않고 꾸준히 기반을 넓혀왔지만, 삼성 · 대우 양대 조선소에 대한 지역 경제의 의존도가 절대적으로 높아지고 1990년대에 들어 우루과이 라운드 등으로 농산물 시장이 개방되면서 크게 위축되었다. 그나마 다행인 것은 2000년대 들어 특화 재배, 공동 재배 등으로 그 명맥을 이어가면서 거제 알로에, 파인애플, 한라봉, 유자, 맹종죽 등 다양한 산물의 브랜드화로 거제 농업을 알리고 있는 것이다. 그러는 한편으로 첨단 농업에 대응할 농업후계자와 전업농 육성에 힘쓰고 있지만 오랫동안 양대 조선소에 지나치게 의존해온 지역경제 특성상 쉽지 않은 현실이다.

거제뿐만 아니라 다른 지역에서도 다들 작물의 특화 재배를 농업 부흥의 방편으로 내세우고 있지만 그도 현실은 녹록치 않다.

거제도 '특산물'의 속사정과 비전에 관해서는 거제농업 기술센터 윤명원 소장이 2018년 1월 25일자 뉴스앤거제에 실은 〈거제시의 농·특산물은 무엇인가?〉를 보면 대강은 가닥이 잡힌다.

새콤달콤한 한라봉이 곧 다가올 설날을 맞아 황금빛 가득히 수확을 기다리고 있다. 레드향, 황금향, 한라봉, 천혜향을 통칭해 만감류라滿柑類,(온주밀감보다 늦게 생산되는 감귤) 일컬으며 언제부터인가 거제시 대표 농·특산물이라 불리고 있다.

특산물이란 지역 환경에 따라 제한된 지역에서만 나오거나 그 지역에서 특별히 많이 생산되는 것이라 정의하고 있다. 한라봉 등 만감류는 우리나라에서 제주도를 제외하면 우리지역에서 가장 많이 재배되고 특별히 생산되니 특산물이라 칭해도 무리가 없을 것 같다. 산업도 시대의 흐름에 따라 부침浮沈이 있듯 거제시 농·특산물도 많은 변화를 볼 수 있다.

1980년 무렵에는 맹종죽孟宗竹과 유자가 독보적인 농·특산물이었다. 맹종죽은 1927년 소남 신용우 선생이 일본 산업 시찰시 3그루를 가져와 심은 것이 하청면 일대에서 300ha까지 증식해 국내 식용죽순 생산의 90%를 차지했으며, 당시 그 단위생산액도 벼농사를 능가할 정도로 고소득 작물이었다. 그러나 1992년 한·중 수교로 인한 중국산 식용 죽순의 저가 공세에 밀려 지금은 아쉬운 흔적만 남기고 있다.

유자는 시배지始培地의 전통을 지닌 거제시와 남해군이 재배를 양분해오다가 1980년대부터 거제산 묘목을 대량으로 구매한 고흥군 등 전라남도 해안선을 따라 대대적인 식재에 나서게 됐고, 그 영향은 1990년대부터 부메랑으로 돌아와 공급과잉에 의한 가격 하락으로 어려움을 겪게 됐다. 한때는 생과 1kg에 4,000원에 달해 '대학나무' 라 불리던 유자는 현재 1,200원까지 하락하여 도처에 폐원의 흔적을 남기고 있다.

이후 1990년대는 거제면 일대에 아열대 작물인 파인애플, 알로에가 새로운 소득 작물로 면모를 갖추고 단기간에 100ha라는 폭발적인 면적 증가와 함께 맹종죽, 유자의 자리를 대체하게 된다. 그러나 우루과이 라운드 협상에 따른 농산물 수입 자유화 조치에 따라 동남아 지역에서 대량 수입됨으로써 가격경쟁력이 뒤질 수밖에 없는 두 품목은 이후 급격히 면적이 줄어들고 그 대체작물로 한라봉이라는 새로운 작물을 도입하는 계기가 됐다.

2000년대 중반 이후부터 지역시장을 근간으로 하는 두 품목이 농?특산물로 자리를 잡아가는데, 둔덕포도와 한라봉이다. 그러나 두 품목은 아쉽게도 지역 수요에 기반을 둔 작물이라 면적을 크게 늘릴 수 없는 한계를 가지고 있다.

그 밖에 거제시에서 내세울 만한 지역 특화 작물로는 제주도를 제외한 전국에서 가장 먼저 생산되는 장목면 송진포의 조생양파 외에 둔덕면 참다래, 하청면 덕곡지역 단감, 사등면 비파, 동부면 학동의 쪽파, 둔덕면 학산지역 열무, 칠천도 · 장목면 황포지역 고구마 등 이 있다.

덧붙여 지금은 도시화로 흔적을 찾을 수 없으나 저장성이 뛰어나 전국 최고 품질을 자랑하던 일운면 소동 마늘, 1970년대 일운면, 동부면을 중심

• 거제의 부활

으로 122ha에 달하던 밀감은 1975년 한파로 인하여 폐원돼 그 흔적만 남기고 있는 품목도 있다.

앞으로의 거제시 농·특산물은 지리적 기후 특성을 충분히 이용한 난지 아열대성 과수가 지역특산물로 자리잡을 것으로 생각한다.

현재 만감류만으로는 1~3월 일시적으로 생산돼 지역 특산물이라 하기에는 부족하다. 각각 생산 시기를 달리하는 감귤류 품목을 지역 특성에 맞게 도입해 연중 재배·생산 가능한 시스템을 갖추고 지역 소비 위주에서 벗어나 "거제에서도 제주도와 같이 연중 감귤류를 먹을 수 있다"는 관광 상품으로 육성돼야 할 것이다.

더불어 최근 많은 농업인의 관심을 받고 있는 애플망고, 용과, 백향과, 아보카도, 구아바, 파파야 등 다양화되어가는 아열대 작물 시장을 거제시가 선점해 나기는 정책이 필요하나고 본다.

(참고자료: 김의부, 《거제농업현대사 1999년》)

특히 맹종죽과 함께 거제 유자는 유명한데, 위 기사에서 지적했듯이 전남 고흥 등 남해안을 따라 재배 면적이 크게 늘어나면서 가격이 갈수록 떨어져 대책 마련이 절실한 실정이다. 온난한 해양성기후에서 자란 거제 유자는 색이 진하고 껍질이 두꺼우며 향이 강하면서 오래 지속되는 장점이 있다. 유자는 중국 양쯔 강 유역이 원산지로, 840년경 신라 문성왕 대에 장보고가 열매로 들여온 것이 남해안 지역에 퍼졌다고 전한다. 거제시 유자연구회 신양기 회장은 거제 유자 살리기 대책의 하나로 친환경 유자 생산력 강화를 든다.

유자는 과피를 먹는 과일이기 때문에 친환경 재배가 중요하죠. 친환경 농업은 겉보기와는 다르게 쉽지가 않습니다. 자연 상태에도 신경을 써야 하고, 화학비료를 대체할 수 있는 자연비료도 생산해야 합니다. 비용이나 인력 면에서 생각할게 많죠. 관계기관에서 이런 점들을 연구 · 분석하고, 농민들은 생산에만 전념할 수 있는 환경이 조성되기를 바라고 있습니다. 거제시는 타 지역에 비해 인건비가 높아 일손 구하기가 쉽지가 않습니다. 또 농민들이 유통이나 판매까지 감당해야 하는 상황인지라 친환경 재배에만 치중하기는 어려운 게 현실이죠. 생산에 전념할 수 있도록 홍보와 마케팅에 대한 행정적 지원이 절실한 상황입니다.

지금껏 농업 얘기를 했지만, 거제도는 누가 뭐래도 바다로 빙 둘러싸인, 항구가 120개나 되는 어업지역이다. 폭발적인 조선산업 확장의 여파로 위축된 탓에 어업에 종사하는 가구(1,700여 가구로 전체의 2퍼센트)는 농업 가구(5,500여 가구로 전체의 6퍼센트)의 3분의 1에 불과하지만 많은 농가가 어업을 겸하고 있는 사실을 감안하면 어업의 비중이 농업보다 낮다고 할 수는 없다. 또 어업은 거제의 관광산업과도 연계된 중요한 산업이고, 양식업이 확대된다면 생산량이 크게 늘어날 수 있는 잠재력이 있다. 거제도의 유명한 특산품을 일컫는 '거제 8품巨濟八品'만 봐도 굴·대구·돌미역·멸치·유자·표고버섯·고로쇠약수·한라봉으로 해산물이 절반이나 차지한다. 게다가 '거제 8미巨濟八味'는 멍게성게비빔밥·도다리쑥국·물메기탕·어죽·볼락구이·대구탕·굴구이·생선회로 모두 해산물이다. 거제의 외포항은 대구 어장터로 이름난 항구다. 계절성 회유 어종인 대구는 북해도 근방에서 11월 하순께 동해를 거쳐 외포 앞바다와 진해만에 와서 산란하고 이듬해 봄에 돌아간다. 대구가 주로 잡히는 겨울철이면 외포항은 전국에서 모여든 대구 잡이 어선과 도매상인들로 북적거린다.

외포항은 1971년에 국가 어항으로 지정돼 해양수산부에서 관리하는 항구로, 국내 대구 어획량의 30퍼센트 이상을 담당하는 최대의 대구 집산지다. 오전 10시부터 시작되는 어판장 경매는 활기찬 볼거리이기도 하다. 대금산과 망월산에 둘러싸인 이 아름다운 항구에서는 2005년부터 해마다 '거제 외포항 대구 축제'가 열려 전국에서 관광객이 몰려든다.

앞에서 내가 일찍이 멸치잡이배를 탔다고 한 바로도 짐작할 수 있듯이, 거제도는 멸치로 유명하다. 거제도가 고향인 김영삼 전 대통령도 집안에서 멸치 잡아 번 돈으로 학교를 다니고 정치인으로 성장했다. 김 전 대통령의 아버지(김홍조)는 일제강점기인 1930년대 말에 이미 정치망 멸치 어장과 어선 10여 척을 소유한 거제도 제일 갑부였다. 어려웠던 시절, 농촌 지역에서는 소를 키워 자식들 공부를 시켰다면 거제도 같은 어촌에서는 멸치를 잡거나 전복, 굴 같은 해산물을 채취하여 자식들 뒷바라지를 했다. 이런 거제도의 멸치잡이에도 그 잡는 방식을 두고 우여곡절이 있었다.

멸치는 연안성 어족이어서 일찍이 연안 조업 방식이 발달했는데, 그 중 하나가 전통적인 갓후리, 즉 지인망地引網 조업이다. 경사가 완만하고 해저가 평탄한 연안에 그물을 쳐서 바로 해변으로 끌어당겨 고기를 잡는 방식을 말한다. 그 후 그물 조업에 선박이 쓰이기 시작했다. 두 척의 배로 어구를 멀찍이 던져놓고 배를 저어 육안까지 도착한 후 그물 끝줄을 육지에 묶거나 닻을 내려 고정시키고 수동 캡스턴으로 그물을 감아 들이는 인기망引寄網으로 발전했다. 반면에 일정한 장소에 그물을 쳐 놓고 고기를 잡는 방식을 정치망定置網 조업이라고 한다.

해방 이후에는 두 척의 예선曳船, 즉 끄는 배를 사용하여 그물배를 육안에 계류시키지 않고 바다 가운데서 바로 끌어서 조업을 하는 인회망引廻網 방식을 사용하기 시작했다. 그러나 이 방식은 당시의 법규상 불법 조업이었고, 또 연안의 정치망 조업에 심각한 손해를 끼쳤기 때문에 분란을 일으켰다. 당국

　　　　　　　　　　　• 거제의 부활

에서도 인기망 방식으로 조업하도록 단속까지 했으나 생산성에 차이가 워낙 커서 되돌리기가 어렵게 되었다. 이에 당국에서는 관련법을 개정하여 합법화하고 기선권현망機船權現網으로 개칭했다.

애초에 권현망權現網은 일본에서 들여온 방식으로, 풍어를 상징하는 일본의 바다 수호신인 권현신權現神에서 따온 것이라는 유래가 있다. 멸치 조업 방식에는 그 밖에도 유자망流刺網(조류를 따라 그물을 흘려보내 멸치가 그물코에 걸리거나 감싸게 하여 잡는 조업 방식), 정치망, 낭장망囊長網 (조류가 빠른 곳에 설치하여 멸치를 잡는 조업 방식), 죽방렴竹防簾 등 30여 가지가 있는데, 기선권현망 조업으로 잡는 멸치가 절반이 넘는다. 기선권현망 멸치잡이는 매년 7월 1일부터 이듬해 3월 31일까지가 법정 조업 기간이다. 거제 앞바다를 비롯해 통영 한산도와 사량도, 욕지도 등에서 잡혀 통영기선권현망수협에서 위판되는 마른멸치가 국내 마른멸치 생산량의 절반 이상을 차지한다.

죽방렴은 대나무로 만든 어살漁箭이다. 수심이 얕은 근해에 참나무 말뚝을 부채꼴로 박는데, 한 변의 길이가 80미터에 이르는 삼각살이다. 살 안쪽의 뾰족한 부분에는 참나무 말뚝을 둥그렇게 박은 다음, 대나무로 촘촘하게 발을 쳐서 불통을 만든다. 불통과 살 사이에는 대나무를 엮어 만든 문짝이 매달려 있다. 이 문짝은 밀물 때에는 조류의 힘으로 활짝 열려 있다가 썰물 때에는 축 늘어져서 닫히게 되므로 일단 불통 안으로 들어온 멸치는 다시 빠져나갈 수가 없다. 죽방렴에는 날씨가 따뜻한 봄부터 가을까지 멸치가 드는데, 죽방렴으로 잡은 멸치는 그물로 잡은 것보다 갑절이나 높은 값에 팔린다. 그물로 잡은 멸치는 금세 숨이 끊어지는 데다 비늘이 벗겨지고 온 몸에 상처를 입어 맛이 떨어진다. 반면, 조류를 따라 자연스레 죽방렴 안에 들어온 멸치는 산 채로 곧장 삶아서 말리기 때문에 맛이 훨씬 뛰어나다.

멸치잡이는 멸치어군을 찾는 어탐선, 그물을 끌어 직접 멸치를 잡는 본선 두 척, 잡은 멸치를 즉석에서 삶아 운반하는 가공·운반선 두 척 등 대개 다섯 척의 배로 구성된 선단을 통해 이뤄진다. 본선 두 척과 어로장이 탄 어탐선이 같이 항해하다 어로장의 지시가 떨어지면 곧바로 배 한 척마다 길이 500미터 가량의 그물을 투하하는 것으로 시작된다. 두 척의 배가 그물을 끌면서 걸려든 멸치를 그물자루 끝 쪽으로 모으고 한쪽으로 몰린 멸치들은 굵은 호스와 연결된 펌프로 빨려 들어가 곧바로 가공·운반선으로 자동으로 보내진다. 이 과정이 끝나면 본선 두 척은 다시 투망 준비를 하면서 어탐선이 어군을 발견할 때까지 대기하고, 가공·운반선은 살아 펄떡이는 멸치를 즉석에서 대발에 담은 후 팔팔 끓는 솥에서 3~4분 삶는다. 배 위에서 삶긴 멸치는 곧바로 육상의 건조장으로 운반되어 13~14시간 건조된 다음날 시장에 판매된다.

거제도는 멸치 못지않게 굴 생산으로도 유명하다. 통영·고성·거제 앞바다는 전국 굴 생산의 70퍼센트를 담당한다. 그 가운데 거제 앞바다에서 생산되는 양이 전국 생산량의 20퍼센트에 이른다.

굴 양식에서 재래 양식(바닥식, 투석식, 송지식)은 어느 것이나 썰물 때는 굴이 공기 중에 노출되어 성장이 중단되었으나 수하식 양식(연승수하식, 뗏목수하식, 간이수하식 등)은 굴이 늘 물속에 잠겨 있어 성장이 중단되는 시간이 없으므로 비교적 빠르게 성장한다. 오늘날 사용하는 일반적인 양식 방법은 6~7월에 채묘를 해서 조간대로 옮겨 이듬해 봄까지 단련시킨 후 양식장으로 옮겨 수하를 해서 양성하여 그해 10월부터 시작하여 이듬해 5월까지 수확한다. 그래서 거제의 가을은 멸치와 굴로 풍성하고 겨울이 되면 대구까지 합세하여 거제의 겨울은 더욱 풍성하고 활기차다. 그래서 겨울바다 하면 거제도가 단연 전국 으뜸이다. 빼어난 풍광은 말할 나위도 없거니와 기후도 온난한데다가 현지에서 갓 건져 올린 멸치, 굴, 대구 같은 해산물의 풍미가 매력적이기 때문이다.

거제도 부활에 기여할 다양한 자산들

●
●

　거제도는 이처럼 농업이나 수산업에서도 볼거리가 많고 앞으로 더욱 발전할 잠재력을 갖고 있지만 무엇보다도 빼어난 자연경관과 역사유적 그리고 문화 콘텐츠를 기반으로 한 관광산업의 잠재력이 크다. 물론 농업과 수산업에서 생산되는 거제 특산물은 관광산업과 연계되어 서로 시너지 효과를 최대화한다면 더할 나위 없을 것이다.

거가대교의 개통으로 사실상 뭍이 된 거제

여기에 더해 체육 전문가인 내가 주목하는 것은, 각종 운동 종목의 '동계전지훈련 메카' 로서의 가능성이다. 현재 기후조건으로 봐서는 전국 최상의 조건을 갖추고 있고, 거가대교가 개통되어 접근성도 육지나 다름이 없다. 그래서 훈련 인프라만 갖춰진다면 거제도만큼 매력적인 동계전지훈련지는 없을 것이다. 남해안 지역의 여러 지자체들은 이미 훈련 인프라를 갖추고 본격적인 동계전지훈련 팀 유치에 나서고 있다. 2018년 1월 18일자 문화일보 기사다.

새로운 스포츠 시설을 신축한 시·군들이 동계 진지훈련지로 뜨고 있나. 야구는 전남 고흥, 배드민턴은 경남 밀양, 육상은 전남 목포 등이 대표적이다.

18일 전남도와 경남도에 따르면 고흥군의 경우 지난해 12월부터 올 1월까지 전지훈련을 왔거나 예약한 야구선수는 15개 팀 연인원(방문자 수에 체류 일을 곱한 숫자) 1만 2,000여 명에 달한다. 고흥이 야구 전지훈련지로 인기를 모으는 것은 2016년 11월 거금야구장 개장에 이어 지난해 10월 도화베이스볼파크가 개장하는 등 야구 인프라가 확충됐기 때문이다. 특히 도화베이스볼파크는 한국야구위원회(KBO)가 공인한 야구장으로 국제규격에 맞춰 지어졌으며, 합숙실 4개와 취사시설도 갖추고 있다.

도화베이스볼파크에서는 지난달 26일 찾아온 경기 용인 수지구 리틀야구팀이 오는 21일까지 체류할 예정이며, 이들이 떠나는 다음날 경희대 야구팀이 도착해 오는 3월 1일까지 40일간 훈련할 계획이다. 도화베이스볼 파크 영농법인 대표 김종현(72) 씨는 "예약 문의는 폭주해도 더 못 받고 있는 실정"이라며 "지역 식당 매출 증가 등 지역경제 활성화가 기대된다"고 말했다.

밀양시는 배드민턴 전용 경기장을 건립해 각종 대회와 동계훈련을 대거 유치했다. 시는 2016년 11월 180억 원을 들여 배드민턴 경기장(20면)을 건립했다. 이 경기장은 연면적 7198㎡, 지하 1층 지상 1층, 관람석 2,500여 명을 수용할 수 있는 전국 최고의 배드민턴 전용 경기장이다. 이 경기장에서는 준공 후 밀양요넥스 코리아주니어오픈 국제배드민턴선수권대회 등 7개 대회에 4만 2,000명(연인원)의 선수단이 찾아 경기를 치렀다. 또 134개 팀 3,200여 명이 방문해 동계훈련을 했다. 지난 2일부터는 배드민턴 국가대표 주니어 선수 70여 명이 전지훈련을 하고 있다.

목포시는 2016년 말 유달경기장에 설치한 실내 트레이닝장 덕을 많이 보고 있다. 지난겨울 육상 선수만 35개 팀 6,992명이 찾아온 데 이어 올해도 그 이상이 방문할 것으로 기대하고 있다. 시는 지난해 동계전지훈련 방문자가 98개 팀 2만 9,778명으로 전남도내 22개 시·군 가운데 1위를 차지하기도 했다.

경남에서는 남해시가 이미 동계전지훈련 메카로 명성을 얻고 있으며, 고성군이 새롭게 뜨고 있다. 이 밖에도 경남의 창녕, 경북의 영덕·경주, 전남의 진도·완도 등도 동계전지훈련지로 뜨고 있다. 그에 비하면 거제는 이제 전지훈련 팀 유치를 시작한 단계로, 과녁이 빗나간 다른 대규모 개발 사업들에 발이 묶여 본격적으로 훈련 인프라 구축에 나설 여력이 없는 실정이다. 다른 지자체들은 멀찍이 뛰어가고 있는데, 어느 지역보다 매력적인 천혜의 자연환경(거제의 겨울철 평균기온은 영상 7도 안팎이고, 가장 춥다는 1월 평균기온도 영상 4도 안팎에 이른다. 또 섬 가장자리를 빙 둘러 높은 산들이 감싸고 있어 섬 안쪽은 바람도 자고 아늑하여 겨울철 체육훈련에 최적화되어 있다)을 지니고서도 거북이걸음을 하고 있으니, 이러다 실기를 하면 거제도의 그 좋은 자산은 사장되고 말 것이다.

부산일보는 지자체들의 전지훈련 팀 유치 현황을 2018년 1월 15일자로 자세히 전하고 있다.

동계전지훈련 스포츠 팀이 '겨울 효자'로 부상하면서 경남권 농촌 지자체의 마케팅 전쟁이 치열하다. 관광 발걸음이 끊겼던 마을에 훈풍이 돌고 돈이 풀려서다. 일찌감치 눈을 떴던 서부경남권 일부 농촌 지자체는 장날 못잖은 인파에 관광 비수기가 무색할 정도로 호황을 누리는 상황이다. 15일 경남도에 따르면 올겨울 경남권 지자체를 동계전지훈련지로 낙점한 스포츠 팀은 프로·아마추어를 포함해 1,000여 팀에 달한다. 1월 평균 기온이 영상 2도 이상일 만큼 한겨울에도 따뜻하고 눈도 잘 안 오는 서부경남권 선호도가 높다.
동계전지훈련 메카로 꼽히는 남해군이 대표적이다. 10년 전부터 유치전에 나선 남해군은 겨울이 제2의 성수기로 불릴 정도다. 올겨울에도 200여 팀 3만 3,000여 명이 남해군에서 겨울을 난다. 인구 5만 명 남짓의 고성군도 최근 2년 새 낯선 방문객들로 들썩인다. 2014년 131개 팀 2,690명에 불과했던 동계전지훈련 팀이 올해 들어 420여 팀 6,700여 명으로 3배쯤 늘었다. 고성군 측은 "조용했던 마을이 선수단 차량으로 북적북적한다. 몇 년 전만 해도 썰렁했던 시장과 상가에 단체복을 걸친 인파가 넘친다"고 설명했다. 통영시와 거제시도 마찬가지. 통영시는 135개 팀 4,900여 명, 거제시는 280개 팀 4,500여 명을 올해 목표로 잡았다.

경제효과는 상당하다는 게 지자체들의 공통된 목소리다. 스포츠 팀이 단체인 데다 장기간 머문 효과다. 숙박비를 포함한 1인당 체류 경비를 고려할 때 적게는 20억 원에서 많게는 50억 원 상당이 고스란히 지역민 소득으로 돌아온다. 관광 비수기를 맞은 지역 상권 입장에선 가뭄의 단비다. 훈련시설에 인접한 숙박시설과 식당은 계절성 특수로 수입이 짭짤한 상태다. 통영시 통영스포츠파크 주변 숙박업소 측은 "(선수단) 예약이 많아 다음 달까지 일반 손님을 받기 힘들다"고 전했다.

유치전에 늦게 눈을 돌린 후발 지자체들은 차별화된 인센티브를 앞세워 마케팅 전을 펼치는 중이다. 진주시는 선수단 편의 제공을 위한 동계전지훈련 전담 창구를 마련하고 5일 이상 체류하는 팀에 최대 250만 원 한도 내에서 20~50%의 숙박비를 지원한다. 함안군도 훈련시설 사용료 면제, 지도자 간담회, 담당 공무원 지정 등 불편사항을 수시로 확인해 처리한다.

이처럼 치열한 유치 각축전이 벌어지는 가운데 인구 6만

4,000여 명의 창녕은 2018 소비자 선정 최고의 브랜드 대상 시상식에서 '동계훈련하기 좋은 도시부문 대상' 을 수상했다. 그동안 300억여 원의 예산을 투입하여 창녕스포츠파크, 국민체육센터 등을 조성하는 등 꾸준히 체육 인프라 구축에 투자해온 덕분이다. 직접적인 경제효과가 50억 원에 이르고, 간접효과는 수백억 원에 이른다. 창녕군이 군민 수만큼이나 많은 동계전지훈련선수를 유치하면서 전국 최대의 동계전지훈련지로 뜨고 있는 비결을 2018년 1월 12일자 쿠키뉴스는 이렇게 전하고 있다.

경남 창녕지역이 새해부터 동계전지훈련 열기로 후끈 달아오르고 있다.
창녕군은 올해 초부터 축구, 사이클, 정구, 태권도 등 57개 팀 7,700여 명의 동계전지훈련 팀이 부곡을 찾아 북새통을 이루고 있다고 밝혔다.
지난해 12월부터 부곡을 찾고 있는 동계전지훈련 팀은 모두 2만 1,500명으로, 군은 이번 전지훈련기간에 200개 팀 연인원 6만 명을 목표로 적극적인 마케팅 전략을 펼치고 있다.
창녕이 동계전지훈련의 최적지로 각광받고 있는 것은 부곡온천 주변에 천연 및 인조 잔디로 구성된 7면의 축구전용구장인 창녕스포츠파크와 유도, 태권도, 탁구 등 실내운동이 가능한 국민체육센터, 사이클 타기에 적지인 도로환경, 테니스와 정구 전용구장인 공설테니스장 등 우수한 체육인프라가 구축된 것이 장점이다.

특히 겨울철 온화한 기후와 원스톱 서비스가 가능한 숙박시설, 운동 후 피로회복에 탁월해 컨디션 유지에 큰 도움을 주는 78℃ 부곡온천수 등 천혜의 조건을 갖추고 있어 다양한 종목 전지훈련 팀들의 문의가 끊이지 않고 있다.

여기에 창녕군이 체육시설 무료 이용으로 경비절감 혜택과 선수 기량 및 전술 향상에 필요한 친선 대회를 개최하고, 훈련 팀 대표자 간담회를 통해 각종 애로 및 불편사항 등에 대한 의견을 수렴해 미흡한 부분을 지속적으로 개선해 나가고 있는 것도 비결의 한몫이다.

이밖에도 숙박 등 이용시설 업주들에게도 훈련 팀이 이용하는 데 불편함이 없도록 적극적인 서비스를 제공해줄 것을 협조하는 등 다각적인 측면에서 최선의 노력을 기울이고 있다. 한편 지난 4일부터 5일간 개최한 '창녕군수배 전국 중등 축구대회'와 함께 여러 종목의 동계전지훈련 팀 친선 대회를 통해 잘 조성된 인프라를 전국의 전지훈련 팀 지도자들에게 홍보하고 있다.

그 옛날 거제도는 뱃길 따라 포구들도 북적거렸다. 배로만 다녀야 하는 교통이 섬사람들은 불편했지만 뭍사람들에게는 여객선이나 항구 자체가 낭만이어서 그도 관광자원이었다. 그러나 1971년 4월 거제대교가 개통되면서 통영을 오가는 여객선이 뱃길과 함께 사라졌고, 2010년 12월 거가대교가 개통되면서 거제와 부산을 이어주던 여객선도 뱃길과 함께 역사 속으로 사라졌다. 이제 거제도와 뭍을 오가는 여객선은 모두 사라지고, 법동과 산달도를 오가는 차도선과 어구 - 한산도, 저구-매물도 등 통영의 부속 섬을 잇는 한산한 뱃길만 남게 되었다.

이처럼 여객선이 다니던 뱃길은 하얀 포말을 잃었지만 거제도는 낭만적인 새로운 뱃길들이 열릴 무한한 잠재력을 지니고 있다. 거제는 거제도를 비롯한 63개의 섬으로 이루어져 있고, 그 중 53개가 무인도여서 천혜의 비경을 고스란히 간직하고 있다. 거제도 본섬만 해도 무수히 많은 비경을 품고 있고, 어항이긴 하지만 아름다운 항구들도 섬을 빙 둘러 헤아릴 수 없이 많다. 이런 본섬과 부속 섬들을 잇는 낭만적인 뱃길을 개척한다면, 여객선의 퇴장으로 잃은 뱃길의 아쉬움은 얼마든지 달래고도 남을 것이다.

거제의 아름다운 풍광은 우선 '거제 8경' (2007년 거제시 지정)을 들 수 있는데, 외도 · 내도 비경, 거제 해금강, 학동 흑진주 몽돌해변, 여차-홍포 해안 비경, 계룡산, 바람의 언덕과 신선대, 지심도 동백, 공곶이를 말한다. 일부 선정에 논란이 있기는 하지만, 모두 거제를 대표할 수 있는 뛰어난 풍광으로 손색이 없다고 생각한다.

일운면 동쪽 바다에 돛단배처럼 떠 있는 내도內島와 외도外

島는 아름다운 한 쌍의 섬이다. 외도에는 식물의 낙원이라는 '보타니아'가 있다. 외도는 1969년 이창호·최호숙 부부가 지주들로부터 땅을 사들이면서 낙원 건설이 시작되었다. 이들 부부가 오랜 각고의 노력 끝에 1995년 4월 개원한 '외도해상농원'은 2005년 9월 '외도 보타니아'로 이름을 바꿨다. 오늘날 외도는 해마다 100만 명 이상이 찾는 관광 명소가 되었다. 쥐치를 닮은 내도에는 진귀한 팔손이나무가 자란다. 팔손이나무는 손바닥을 펼친 모양의 커다란 잎을 달고 있는 자그마한 상록수로, 손가락처럼 잎이 여덟 개로 갈라져 있어서 붙은 이름이다. 잎이 팔손이가 된 연유에는 전설이 있다. 옛날 인도의 한 왕국에서 공주의 생일을 맞아 어머니인 왕비가 쌍가락지를 선물로 주었다. 그런데 공주의 시녀가 청소를 하다가 반지를 보고 너무 아름다워서 양손의 엄지손가락에 하나씩 끼어보았다. 하지만 반지가 도무지 빠지질 않았다. 겁이 난 시녀는 그 반지 위에 헝겊을 감아 감추고 다녔다. 반지가 없어져 소동이 벌어진 궁궐에서는 왕이 몸소 나서서 조사를 했다. 차례가 된 시녀는 두 엄지를 밑으로 구부린 다음 두 손을 합쳐 여덟 개의 손가락뿐이라며 손등을 내밀었다. 그때 하늘에서 벼락이 떨어져 시녀는 순식간에 팔손이나무로 변해버렸다는 것이다.

해금강海金剛은 명승(제2호)으로 지정되었을 만큼 절승이기도 하지만 생태학적 가치도 높다. 최남단의 갈곶岬串과 칡섬葛島 일대는 첩첩한 기암괴석이 하늘로 치솟아 경승을 이룬다. 그 모양이 만물상을 빚어 금강산의 해금강을 방불하므로 '거제 해금강'으로 불렸다. 칡섬은 약초가 많아 약초섬으로도 불리는데, 아열대식물 30여 종이 분포한다. 수십 미터 절벽에 새겨진 만물상과 열십자로 드러나는 십자동굴은 자연의 조화가 빚은 걸작이고, 일 년에 단 두 차례만 사자바위 사이로 솟는다는 일출은 가히 환상적이다.

학동 흑진주 몽돌해변은 폭 50미터에 길이가 1.2킬로미터나 되는, 우리나라에서 가장 큰 몽돌해변이다. 파도가 쳐서 까만 몽돌을 굴리면 자글자글 하는 소리가 난다. 환경부 선정 '한국의 아름다운 소리 100선'에 뽑히기도 했을 만큼 아름다운 소리다. 해변에서 고개만 들면 펼쳐지는 노자산·가라산 자락의 동백숲에서는 11월이면 동백꽃이 피기 시작해 겨우내 피었다가 지고 또 피기를 반복한 끝에 3월이면 절정을 이룬다. 이 동백숲에 사는 팔색조(천연기념물 제233호)는 봄이면 붉은 동백꽃잎을 따먹었는지 파도에 붉은 목소리를 토해낸다. 노자산·가라산은 숱한 희귀식물을 키우고 있어서 생태 연구의 보고이기도 하다. 여차-홍포 해변의 절경은 여차마을 들머리에서 까마귀재를 넘어 홍포항에 이르는 10리 길에 펼쳐진다. 망산望山 자락이 바다를 향해 펼쳐지는 산허리 비탈을 가로지른 길이다. 이곳 여차마을도 몽돌해변으로 유명하다. 이 길에서 보는, 시나브로 색색의 옷을 갈아입다가 마침내 금빛으로 찬란한 해돋이도 아름답지만 바위섬들을 녹일 듯 붉은빛으로 처절하게 타오르다 한순간 소멸하는 해넘이는 눈물이 나도록 아름답다.

계룡산鷄龍山은 용의 몸에 닭 벼슬을 인 형상이라서 얻은 이름으로, 거제도의 진산鎭山이다. 진산은 주산主山이라고도 하는데, 어떤 지역의 가장 높은 산이 아니라 중심에 솟은 산을 말한다. 계룡산(566m)은 높이로는 가라산(585m) 다음이지만 한가운데에 우뚝 솟아 섬 전체를 거느린 형국이다.

기암괴석이 즐비한 능선을 따라 정상에 오르면 의상대사가 절을 지었다는 의상대가 있고, 가을이면 억새풀의 은빛 질주가 장관을 빚는다.

한 폭의 그림인 듯 아름다운 함목의 몽돌해변을 지나 해금강으로 드는 길목에서 북쪽으로 내려서면 도장포마을이 나오는데, 거기서 고개를 들면 바람의 언덕이 펼쳐진다. 언덕을 오르면 길의 남쪽으로 나 있는 전망대가 신선대神仙臺다. 바람의 언덕은 흔히 삘기라고 하는 띠로 뒤덮인 언덕이래서 옛 이름이 띠밭늘이다. 이국적인 풍광을 빚어내는 이곳은 연인들의 데이트 코스로 사랑받고 있는데, 드라마 〈이브의 화원〉(SBS, 2003)과 〈회전목마〉(MBC, 2004), 예능 〈1박2일〉(KBS2, 2009)이 이곳에서 촬영되는 등 촬영지로도 각광받고 있다. 그런데 이곳 한려해상국립공원 권역 내의 바람의 언덕은 상당 부분이 사유지다. 그런데 지난해 사유지의 새로운 소유주와 거제시 간에 분쟁이 생긴 이후 시가 안이하게 대처하는 사이 소유주가 임의로 관광객의 출입과 사진촬영을 통제하는 등 문제가 더 꼬여가는 가운데 애먼 시민들과 관광객들만 불편을 겪었다. 문제는 미봉인 채로 아직 말끔히 해결되지 않아 불안한 상태로 있다고 들었다.

동백섬으로 알려진 지심도只心島는 하늘에서 바라본 모양이 마음 심心자 형상이라고 해서 얻은 이름이다. 장승포항에서 배로 15분 거리에 길게 누운 이 섬은 다양한 원시림의 비경을 간직하고 있는데 특히 동백나무가 많아 동백섬으로 불린다. 지심도에 내리면 맨 먼저 인어상이 반긴다. 인어상이 누군가를 기다리는 모습으로 앉아 있는 '범바위'는 슬픈 전설을 안고 있다. 호랑이가 인어공주를 보고는 첫눈에 반해 사랑을 고백했다. 인어공주는 아버지인 용왕의 허락을 받아오겠다며 용궁으로 떠났다. 호랑이는 공주의 약속만 철석같이 믿고 바위 위에서 기다리다가 그리움과 배고픔에 지쳐 죽었다. 호랑이가 죽을 때 기다림의 표시를 해놓아 영원히 변치 않으리라는 그 바위가 바로 인어공주가 앉아 있는 범바위다.

천주교 순례길이 시작되는 예구마을 물양장 주차장에서 능선을 하나 넘어 산비탈에 서면 눈 아래로 거대한 숲과 바다가 펼쳐진다. 1만 3,600여 평방미터에 이르는 공곶이다. 비탈에서 동백나무 터널 속으로 난 '333계단'을 걸어 내려가야 공곶이에 닿는다. 이 긴 계단은 공곶이의 주인장(강명식, 87)이 손수 돌로 쌓은 것이다. 천주교 신자인 주인장은 "예수님이 30세부터 3년간 복음을 전파한 뒤 돌아가시고 3일 만에 부활했다는 뜻"을 담아 333계단을 만들었다고 한다. 지형이 궁둥이처럼 튀어나왔다고 해서 공곶이로 불리는 계단식 다랑이 농원에는 수선화와 동백나무, 종려나무 등 50여 종의 초목이 심겨 있다. 공곶이 아래 몽돌해변에서는 한려수도의 절경을 감상할

 수 있고, 붉은 옷을 흰 옷으로 갈아입듯 동백꽃이 질 무렵 수선화가 만개하여 장관을 이룬다.

공곶이의 절경

그러나 시에서 선정한 거제 8경만을 말하기에는 아쉬움이 남는다. 그 밖에도 그에 못지않은 절승 명소가 많기 때문이다.

하청면의 맹종죽림도 빼놓을 수 없는 절경이요, 명소다. 한여름의 맹종죽림은 햇볕도 들지 않아 어두컴컴한데다 바깥보다 온도가 6~7도나 낮아서 과연 자연의 에어컨이다. 또 봄의 맹종죽림은 어떤가. 대숲으로 드는 언덕에 조팝꽃이 눈꽃마냥 하얗게 피어 봄의 절경을 빚은 가운데 죽순이 대지를 뚫고 올라오는 모습은 가슴 벅찬 장관이다.

안온한 기후와 아름다운 풍광으로 인해 일찍이 대통령의 휴양지가 되어 일반인의 출입이 금지되어온 장목면 서도猪島는 이제 거가대교가 관통하고 있어 더 이상 섬이 아니다. 국방부 소유로 해군 시설도 들어서 있어 국방부가 관리하고 있는 이 섬은, 1970년대에 박정희 당시 대통령이 여름휴가를 보내고, 2013년에는 그 딸인 박근혜 대통령이 여름휴가를 보낸 곳이라고 해서 일반에 알려진 곳이다. 섬 모양이 하늘에서 내려다보면 돼지처럼 생겼다고 해서 돼지섬, 즉 저도라는 이름을 얻은 이 섬은 전체가 온통 해송과 동백 숲으로 둘러싸여 있다. 대통령 별장 앞으로는 200여 미터의 백사장이 펼쳐지고, 9홀 규모의 골프장도 있다. 1910년 경술국치 이후 일제가 해군기지를 만든다며 섬 주민들을 모두 쫓아내 거의 무인도가 되었는데, 《장목면지》에는 "광복 이후 우리 해군이 일시 주둔하면서 대통령 별장을 만들어 이승만 대통령이 자주 쉬었던 곳"으로 기록되어 있다. 실제로 저도는 1954년부터 이승만 대통령의 하계 휴양지로 사용되다가 1972년 대통령 휴양지로 공식 지정된 이후 민간인 출입과 어로 행위가 엄격히 제한됐다. 이후로는 수십 년간 어민들이 저도 인근 황금어장을 사용하지 못해 큰 피해를 입어왔고, 거제시로서는 관광자원 개발에 적잖은 애로를 겪어왔다. 문재인 대통령이 후보 시절, 가능하다면 절차를 밟아 거제시에 돌려주겠다는 취지로 말한 바 있지만 국방부에서는 해군의 전략 요충지라서 이양이 곤란하다고 공표하고 있어 귀추가 주목된다.

고려 의종 때 난을 일으킨 무신들이 임금을 유폐했다는 둔덕기성을 나와 임도를 걷다보면 둔덕 방하마을이 나온다. 이곳 16만 5,000평방미터의 너른 들판에는 가을이면 코스모스가 활짝 피어 장관을 이룬 가운데 '둔덕 코스모스 축제'가 벌어진다. 이곳 인근에는 청마 유치환 시인의 생가가 있고, 마을길을 따라 조금 걷다보면 신비한 숲속에 자리한 산방산 비원을 만난다. 산방산 비원은 온갖 야생화와 희귀식물이 어우러진 수목들의 천국이다.

그리고 내가 살았던 거제면은, 임진왜란 이후 거제현의 치소로서 유서 깊은 역사의 숨결이 생생하게 전해온다. 옛 교육기관으로 거제향교, 그리고 유배를 온 우암 송시열이 세운 반곡서원이 남아 있다. 계룡산 자락이 흘러내리다 문득 솟은 성싶은 수정봉水晶峰은 그리 높지는 않지만 조망이 좋은지라 옛날 어느 선인이 이곳 누각에 올라 기성 8경岐城八景을 노래한 것이 오늘에 전한다. 황사낙안黃紗落雁(황사 해변에 내려앉는 기러기 떼), 죽림서봉竹林棲鳳(대숲에 깃들인 봉황), 수정모종水晶暮鐘(수정봉에서 울리는 저녁 종소리), 오암낙조烏岩落照(오수리 새바위 위로 지는 노을), 연진귀범嚥津歸帆(연진나루로 돌아오는 돛단배), 내포어화內浦漁火(내포 어선 위이 고기잡이 불빛), 오송기운五松起澐(오송산 마루에 일어나는 조각구름), 각산야우角山夜雨(각산에 내리는 밤비)가 그것이다.

거제도에는 이런 자연유산 말고도 숱한 역사유적과 문화유산이 있다. 거제도 가는 길은 멀다는 말은 이제 옛말이 되었다. 거가대교가 연결되면서 거제도는 이제 어디서든 반나절이면 닿을 수 있는, 지척이다. 거제는 세계적인 조선소가 두 곳이나 들어앉은 우리나라 대표적인 공업도시이면서, 한려수도 청정바닷길에 그림 같은 다도해를 품은 천혜의 휴양지라는 두 얼굴로 알려져 있다. 그래서 거제도 하면 조선소부터 들먹이는 사람이 있는가 하면, 해금강이나 몽돌해변부터 떠올리는 사람도 있다.

이런 거제도는 현대사의 아픔을 고스란히 안고 있기도 하다. 그 유적이 거제포로수용소유적공원이다. 거제포로수용소는 한국전쟁이 한창이던 1951년 2월에 세워졌다. 적군 포로 17만여 명이 수용되었고, 1.4후퇴 때는 "바람 찬 흥남부두"에서 미군 함정을 타고 20만 명에 이르는 피난민이 거제도로 들어왔다. 그런 북새통에 수용소의 포로들이 수용소장을 인질로 잡고 유엔군과 대치하는 폭동사건까지 발생했다. 그들은 이른바 '반공포로' 105명을 인민재판에 부쳐 즉결 처형하기도 했다. 첨예한 이념 대립의 현장이었던 포로수용소 터에는 현재 PX와 무도장, 경비대 막사 건물 등의 잔해가 남아 있다. 공원 안의 전시관들에는 당시 포로들의 생활상과 전쟁의 참상을 보여주는 사진, 모형, 영상물, 무기류 등의 자료와 기록물이 전시돼 있다.

거제면의 거제현 관아 기성관岐城館은 국가 지정 문화재(사적 제484호)다. 거제지역은 왜구의 침략이 잦아서 조선 초기에 이를 방어하기 위해 옥포, 조라, 가배, 장목 등 일곱 곳에 군사기지를 설치했다. 1470년(성종 1)에 거제현이 거제부로 승격되어 일반 행정과 함께 군사 업무를 총괄할 목적으로 고현성에 이

• 거제의 부활

관청을 세워 중심으로 삼았다. 그러다가 1593년(선조 26) 한산도에 삼도수군통제영이 설치되면서 기성관은 객사로 그 용도가 변경되었다. 기성관은 임진왜란 때 고현성이 함락되면서 소실되었는데, 임진왜란 후 치소가 거제면으로 옮겨옴에 따라 1663년(현종 4)에 거제면으로 옮겨 다시 지은 것이다.

옥포 2동에 위치한 옥포대첩기념공원은 1996년에 준공되었다. 1592년 5월 7일, 전라좌수사 이순신과 경상우수사 원균이 공동으로 작전을 펼쳐 옥포만에서 왜선 50여 척 중 26척을 격침시켰다. 옥포해전은 임진왜란의 첫 승첩이며, 이후의 전황을 유리하게 전개시키는 계기가 되었다. 옥포루에 오르면 정면으로 보이는 옥포만의 푸른 바다를 볼 수 있다. 공원에서는 해마다 음력 6월 보름 무렵에 사흘간 옥포대첩기념제전 행사가 열리는데, 기념식은 물론이고 제례행상, 문화예술, 민속, 이벤트 행사 등이 다양하게 펼쳐진다.

청마기념관은 거제도 출생의 청마 유치환 선생을 기리는 기념관이다. 거제도 둔덕골은 1908년 유치환이 아버지 유준수와 어머니 박우수 사이에서 차남으로 태어난 곳이며, 8대째 청마 유치환의 조상들이 살아온 곳이다. 주변에는 청마 생가가 2000년 5월에 복원되었으며, 생가는 두 채의 초가로 싸리 대문과 텃밭과 우물 등 청마가 태어난 1908년 옛 모습 그대로 복원되어 있다.

거제테마박물관은 1950년대 말부터 1970년대 후반까지의 시간여행을 할 수 있는 곳이다. 그 시절의 국정교과서부터 교실, 책상과 거리를 그대로 옮겨놓았다. 1층은 시간여행을 할 수 있는 공간이며, 2층은 유럽을 테마로 한 모형 박물관이다.

거제조선해양문화관은 기존 거제어촌민속전시관에 거제조선테마파크를 합쳐서 만든 시립박물관이다. 어촌민속전시관(1관)과 조선해양문화관(2관)으로 나뉜다. 어촌민속전시관은 지상 2층으로, 생활의 바다, 전통의 바다, 체험의 바다, 부흥의 바다 4개관으로 구성되어 있다. 조선해양문화관은 역시 지상 2층으로, 어린이조선소, 제1도크 선박역사관, 제2도크 조선기술관, 제3도크 해양미래관, 영상탐험관 5개관으로 구성되어 있다. 1991년 옥포2동에 설립한 거제박물관은 거제도의 민속 유물과 삼국 및 근세 시대의 유물 등을 전시하고 있다.

이런 역사유적이나 기념관 외에도 거제에는 많은 전통문화 유산이 있다. 각 마을마다 공동으로 지내는 당산제, 풍어를 기원하는 풍어제, 농사나 어업이 잘되기 위해 기후가 온순하기를 기원하는 풍신제(바람 올리기), 정월초의 지신밟기, 비를 기원하는 기우제, 출어의 안전과 풍어를 기원하는 배신굿 등이 있다. 거제도는 섬 안의 평야지대를 중심으로 농·어업 문화가 병존해 왔으며, 왜구의 잦은 침탈로 인한 한 독특한 문화도 생겨났다.

우리나라 탈놀이는 모두 육지에서 생겨 퍼졌는데, 유일하게 섬 지역에서 일어난 탈춤놀이로 합천군 초계의 오방신장무五方神裝舞에서 비롯되어 진주·사천·고성·통영을 거쳐 거제 둔덕면 학산리(영등)에 정착한 '거제영등오광대'가 있다. '오광대'는 다섯 마당(오과장)으로 논다는 설 또는 다섯 명의 광대가 나와서 노는 놀음이라는 설이 있으며, 동서남북과 중앙의 다섯 방위(오방)를 상징하는 다섯 광대가 나와서 하는 놀이의 명칭으로 두루 쓰이게 되었다.

거제영등오광대 역사는 적어도 100년은 넘었을 것으로 추정된다. 지금의 거제영등오광대는, 70여 년 전 일제의 탄압으로 맥이 끊긴 것을 영등민속보존회와 지역주민들이 2007년에 발굴 재현하여 보존해오고 있는 것이다. 영등은 통영에 있던 삼도수군통제사영의 선봉아문先鋒衙門인 진陣이었던 곳으로, 초기에는 진의 이속吏屬 및 군병들과 마을 사람들이 함께 오광대를 놀았다고 전해지고 있다. 거제는 이처럼 풍부한 역사 유적, 천혜의 자연환경, 빛나는 문화유산을 가지고 있는데도 불구하고 그것들을 충분히 가꾸고 활용하지 못하고 있는 것으로 보인다.

거제가 처한 현실 그리고 부활을 위한 실마리

●

●

거의 30년을 양대 조선소에 절대적으로 의존해온 거제 경제는 오늘날 심각한 위기국면에 처해 있다. 세계 조선업이 급격히 위축되면서 거제의 양대 조선소도 직격탄을 맞았기 때문이다. 그래서 거제 시정의 가장 시급한 현안은 양대 조선소를 일정한 수준에서 안정화시키고 공백이 생긴 부분은 대안을 마련하여 대체해야 한다. 그리고 충분한 타당성 검토 없이 마구잡이식 개발 사업을 벌이고 있는 시정 방향도 바로잡아야 한다.

신자본주의의 탈을 쓴 폭력적 개발주의는 이제 더 이상 시민의 행복에 기여할 수 없다는 것이 이미 증명되었고, 또 증명되고 있다. 이제 시민의 행복을 위한 키워드는 개발이 아니라 공존이다. 그것은 부의 총량에서 우리와 비교도 안 되는 나라 시민들의 행복지수가 우리보다 훨씬 높은 것이 그것을 증명하고 있다.

물론 가난한 것보다는 부유하면 더 좋겠지만 그 부가 극도로 편중되어 다수가 고통 받는다면 차라리 다 같이 가난한 것이 더 낫다는 말도 틀렸다고만 치부할 일은 아니다.

양대 조선소 문제는 우선 기업 당사자의 문제이기도 하니, 기업에서 대책을 마련하고 대응해 나가겠지만 관할 행정기관인 시로서는 바로 이런 새로운 시각에서 양대 조선소 문제에 접근해야 바람직한 답을 도출할 수 있을 것이다.

[거제시 현황]

- 인구 : 25만 5,000여 명
- 세대 : 10만 1,300여 세대
- 세대당 : 2.5명
- 외국인 : 1만 4,000여 명(남성 1만 500여 명)
- 장애인 : 1만 700명
- 공무원 : 1,099명(본청591/ 직속기관137/ 사업소74/ 면동278/ 의회19)
- 지역내총생산(2015년): 10조 3,760억
- 창원(35조), 김해(14조)에 이어 3위
- 인구 동태 : 2016년- 3,063(출생), 1,060(사망), 1,955(결혼), 649(이혼)
- 전입전출 : 각 3만~4만 명선
- 전입이 1,000~3,000명 정도 더 많음
- 예산(2016) : 7,373억(일반 6,515억 / 특별 858억)

- 자동차(2016) : 10만 5,287대(승용 8만 8,471/ 승합4,386/ 화물

  1만 2,199/ 특수 231)

- 관광객 : 2015년 720만 / 2016년 680만

- 사업체(2015) : 1만 5,328(13만 5,715명 종사: 양대 조선-7만 3,678명)

- 주택보급률 : 110%

- 의료기관(2016): 224개(병상 수 2,389)

- 학교 수(2016) : 125개교/ 학생 4만 2,785/ 교원 2,821

  (69개): 대학 1/ 고교 10/ 중학교 19/ 국제고 1/ 초등 37/ 특수 1

- 도서관(2016) : 22개/ 2,019좌석/ 41만 5,127장서

- 공공도서관 : 5개/ 1,519좌석/ 28만 3,966

- 작은도서관 : 17개/ 500좌석/ 13만 1,161

- 체육시설(2016): 전체 32개소

  (육상5/ 축구10/ 야구1/ 테니스7/ 체육관5/ 국궁3/ 요트1)

- 문화시설(2016) 12개:공연장4/ 영화관3(스크린14)/ 복지회관2/

  예술회관1/ 청소년회관1/ 문화원1

- 강수량(2016): 2,221mm

- 기온(2016) : 연평균 15.55/ 최고 36.9/ 최저 -8.7

- 섬 : 63개(무인도 53개)

- 문화재(2016) : 명승 · 사적 3/ 천연기념물 2/ 등록 · 유형문화재 8/

  기념물 25/ 문화재자료 7

- 해수욕장 : 17개

- 항만 및 어항(2016년 120개)

  지정항3/ 국가어항6/ 지방어항18/ 어촌정주항82(육지54/ 섬28)/

• 거제의 부활

마을공동어항 11
- 어선(2016) : 2,433척
(출처 http://www.geoje.go.kr)

한국 경제 전반의 문제 연장선상에서 거제 경제 전반의 문제, 그리고 더 구체적으로 한국 해양조선 산업 문제의 연장선상에서 거제 해양조선 산업의 문제를 살펴보고, 그 문제를 해결하는 방향(피해를 최소화하고 연착륙시키는 방향)과 시정市政에서 뒷받침해야 할 철학과 구체적인 방안을 강구해야 할 것이다.

2008년부터 조선업의 (중국 발) 20년 호황이 막을 내리고 급격하게 내리막길로 접어들어, 해운의 침체와 더불어 그야말로 대란의 사태를 맞은 지 10년이다. 그 한가운데에 거제의 양대 조선사가 있다.

2015년 기준으로 거제에는 1만 5,328개 사업체에 13만 5,715명이 종사하고 있는데, 양대 조선사에 그 절반이 넘는 7만 3,678명이 종사하고 있다.

거제 경제는 이만큼 양대 조선사에 절대적으로 의존하고 있는 형편이다. 2015년까지는 인구도 꾸준히 늘고 잔여 수주 물량이 많아 버텨왔지만 2015년 이후 인구가 보합세로 꺾여 하양 조짐을 보이고 있다(참고로 현대중공업과 현대미포조선이 있는 울산 동구는 인구 하향 추세가 심각하다).

공교롭게도 다음 거제시장의 임기(2018~2021년)가 양대 조선사는 물론 거제 경제의 사활이 걸린 시기라고 할 수 있다. 시장으로서 상황을 정확하게 파악하고 행정적으로 어떻게 대응하고 조력해야 할지 구체적인 방안을 세워 실행하는 일 시급하다.

2008년 이전 호황 때는 양대 조선사가 연 15조 원까지 생산했는데, 현재 10조 원대로 떨어져 있다. 그나마 해양 부문이 상당히 메워온 덕분에 10조 원대를 유지하고 있지만 해양 부문은 기술력 부족과 국내 업체끼리의 출혈경쟁으로 수익성이 극도로 악화되어 손실이 커지고 있는 형편이다. 이는 산업구조적인 문제에 기인한바 큰데, 행정에서 할 수 있는 일이 무엇인지 전문 대응 팀을 구성하여 운용할 필요가 있다.

'말뫼의 눈물' 에 빗대어 '거제의 눈물' 이라는 재앙이 닥칠 수도 있다며 우려하고 있는데, 사실 공연한 우려는 아니며 눈앞에 닥친 현실이다. 나는 일관되게 벼랑에 선 양대 조선사를 일정한 수준에서 연착륙시키는 데 거제 경제의 미래가 달려 있으며, 그 빈자리를 메울 철학과 비전은 총생산량의 충당 차원에서만 성급하게 접근하면 답을 내기 어렵다고 했다. 그것은 오히려 문제를 키울 소지가 크다.

그동안 양대 조선소가 천년만년 끄떡없을 것처럼 안이한 생각에 젖어 경제적 위험을 분산시키고 다양한 대안들을 개발하여 정착시키는 노력을 게을리해온 것으로 보인다. 이미 늦은 감이 있지만 이제부터라도 차분히 차근차근 대안을 궁구하고 장기적 안목으로 정책을 펴 나가야 할 것이다.

'말뫼의 눈물'은 2016년 당시 박근혜 대통령이 우리나라 조선업계의 인적 구조조정을 서둘러 쉽게 할 수 있도록 촉구하는 차원에서 들먹인 바 있지만 사실 거기에는 다른 차원의 이야기기 있고 반전이 있다. '말뫼의 터닝'이 그것이다.

1980년대까지 스웨덴, 덴마크를 비롯한 북유럽 국가들은 조선업의 강자였다. 그러다가 1980년대 들어 조선업의 주도권이 급속도로 한국과 일본 등 아시아 국가로 넘어왔다. 말뫼는 스웨덴을 대표하는 조선 도시였는데, 조선업이 침체를 겪으면서 도시의 경제 사정도 극도로 나빠졌다. 이 도시에는 '코쿰스 크레인'으로 불리는 초대형 크레인이 있었는데, 정작 코쿰스라는 회사는 1987년에 파산했다.

'말뫼의 눈물' 사건이 터진 2002년 코쿰스 크레인은 덴마크 회사의 소유였지만 코쿰스를 인수한 BWS도 파산했다. 파산 과정에서 BWS가 코쿰스 크레인을 매각했는데, 인수 회사가 현대중공업이었다.

이 사건이 세계적으로 유명해진 것은 크레인 매각 가격이 단돈 1달러였기 때문이다(그 대신 2,000만 달러에 이르는 해체와 운송에 드는 비용은 현대중공업이 부담했다). 도시의 자존심인 코쿰스 크레인이 1달러에 팔려 해체될 때, 말뫼 시민들은 그 모습을 보며 눈물을 흘렸다. 스웨덴 국영방송은 그 장면을 장송곡과 함께 내보내면서 '말뫼의 눈물'이라는 제목으로 보도했다.

말뫼는 조선소가 문을 닫자 도시 인구의 1할인 2만 7,000여 명이 거리로 내몰리는 수난을 겪었다. 스웨덴 정부는 우선 말뫼와 덴마크 코펜하겐을 바닷길로 잇는 7.8킬로미터의 다리를 건설했다. 대규모 공공투자로 실업자를 흡수하고 노동자들의 삶부터 챙긴 것이다. 그리고 조선업 연명을 위해 썼던 재원을 과감하게 신재생에너지와 정보기술, 바이오 등 신산업 분야에 집중 투입했다. 오늘날 말뫼에서 가장 유명한 것은 태양열과 풍력을 비롯한 신재생에너지다. 말뫼는 '눈물'을 닦고 유럽의 대표적인 생태도시로 거듭난 것이다. '말뫼의 터닝'이다. 사실 여기에는 국가 차원의 복지 시스템이 큰 역할을 담당했다. 스웨덴 정부는 조선업의 구조조정을 한 도시나 산업의 문제로만 보지 않았다. 경제가 고도화될수록 제조업 쇠퇴는 막을 수 없는 일이다. 그 때문에 스웨덴이 병행한 정책은 높은 연금과 강력한 복지제도였다.

그리하여 스웨덴은 복지를 기반으로 산업구조의 고도화와 성장을 모두 이루었다. 말뫼를 상징했던 코쿰스 조선소의 대형 크레인 자리에는 이제 '터닝 토르소' 라는 고층 건물이 들어섰다. "북유럽에서 가장 창의적인 디자인의 건물" 로 칭송되는 이 터닝 토르소는 최소의 탄소배출량과 최대의 효율적 에너지 관리로 명성이 높다.

말뫼의 '반전' 에서도 봤듯이 사실 한 부문의 산업이나 개별 기업의 구조조정 문제는 노동자의 생존권이 달린 문제이므로 그 사회의 복지제도와 긴밀하게 연결되어 있다. 그 해법도 복지제도에 있다고 봐야 할 것이다. 그야말로 우리 거제시가 처한 상황은 이제 터닝포인트를 제대로 만들어야 한다는, 절체절명의 시기라는 것이다.

경제학자 이정우 교수도 2016년 5월 12일자 경향신문에 기고한 칼럼에서 당시 우리 조선업 위기의 원인을 진단하고, 책임 소재를 규명했다.

해운업의 위기는 2008년 이후 세계적 불황으로 인한 해운 수요의 정체, 그리고 과거 호시절에 체결했던 비싼 용선료에 기인한다. 조선업 역시 세계적 불황으로 선박 수요는 크게 줄었는데, 공급능력은 과잉이라서 생긴 문제다. 이웃 경쟁국인 중국, 일본에서는 일찍부터 구조조정에 나서 군살을 많이 뺀 반면 우리는 오래 방치한 결과 조선 3사의 적자와 부채는 삽시간에 천문학적 수준이 돼버렸다. 불과 몇 년 전만 해도 한국이 세계 조선업의 1, 2, 3위를 차지해 자랑거리였는데, 어쩌다 이 지경이 됐는지 기가 막힐 노릇이다.

이런 문제를 시장에 맡겨두면 회사끼리 서로 양보, 타협해서 해결책을 찾기커녕 이른바 '배짱 시합'(chicken game)을 벌이므로 문제가 풀리지 않는다. 시장의 실패가 나타날 때는 정부가 나서서 조정을 해줘야 하는데, 박근혜 정부는 수수방관해온 책임이 크다. 특히 3사 중 부실이 가장 심한 대우조선은 대규모 공적자금을 투입한 회사이므로 관리·감독 책임이 산업은행에 있는데, 산업은행은 스스로 책임을 방기해왔을 뿐 아니라 대우조선의 고위직에 자기 사람들을 낙하산으로 내려 보내는 데 열중했으니 이번 사태에 상당한 책임이 있다. 청와대도 책임이 크다. 청와대는 산업은행 업무와 직접 관련이 없는 비전문가를 단지 2012년 대선 때 도와줬다는 이유로 산은 총재에 연달아 임명함으로써 사태를 악화시켰다는 비난을 면할 수 없다. 이렇게 보면 위기를 일으킨 장본인들은 경영자, 정부, 청와대, 산업은행 등이다.

이정우 교수는 이어 그해 7월 21일에 열린 고양포럼에 초청 연사로 나선 자리에서 그 해답이 어디에 있는지를 천명했다. "일자리를 보호하려 하지 말고 노동자를 보호해야 한다"는 한마디에 강연 내용이 응축되어 있다. 다음은 고양신문이 2016년 7월 21일자로 이 교수의 강연을 정리한 것을, 2018년 1월 31일자로 업데이트한 것이다.

한국 조선 3사의 구조조정은 시기를 놓쳤다. 그 책임은 경영자, 정부, 산업은행에 있다. 이번 구조조정은 큰 반발에 부딪힐 것이다. 한국 노동자에게 해고란 곧 가족의 위기와 해체를 의미하기 때문이다. 쌍용자동차 사태를 봐도 금방 알 수 있다. 실직을 당하면 한국에선 먹고살 길이 막막해진다. 생존의 문제인 것이다. 삶과 죽음이 달린 문제에 투쟁하지 않을 사람이 누가 있나? 투쟁은 한국인 기질이 문제가 아니다. 누구가 유난해서도 아니다. 사회 시스템이 잘못됐기 때문이다.

앞으로도 한국사회의 산업구조는 구조조정을 요구당할 것이다. 매번 그때마다 노동자의 심각한 반발이 예고돼 있다. 그렇기 때문에 중요한 것이 '사회안전망'이다. 사회안전망, 즉 복지가 실현되면 실업자도 당분간 실업수당을 통해 생활이 가능하고 재교육을 통해 새로운 산업에서 일자리 찾기가 가능하다. 실제로 스웨덴 '말뫼'라는 도시에서 있었던 일이다. 조선업을 접고 10년 만에 신재생에너지와 IT산업을 주도하는 도시로 다시 태어났다. 그것이 가능했던 이유는 스웨덴의 강력한 '복지' 때문이다.

"일자리를 보호하려 하지 말고 노동자를 보호하라"는 덴마크의 국가 정책을 표현한 말이다. 신산업으로의 산업구조 개편은 앞으로도 불가피하다. 하지만 노동시장이 피해를 입어선 안 된다. 노동자가 눈물을 흘려서는 안 된다. 그런 점에서 덴마크와 정반대에 서 있는 나라가 바로 한국이다.

우리나라는 복지 기피국가인 미국식 모델과 토건국가인 일본식 모델을 추종하며 현재의 위기를 자초했다. 미국보다도 심한 자유시장경제 모델을 추구하면서 또 한편으로는 박정희식 관치(통제) 경제 모델에 발을 담그고 있다. 상극인 경제체제가 공존하고 있는 이상한 나라가 됐다.

결국 해답은 사회안전망 구축에 있다. 복지 예산을 늘려야 한다. 기업과 부자에게서 세금을 더 걷어 복지예산을 늘리는 길이 노동자를 보호하는 길이고, 저출산·노령화 사회에 대비하는 길이며, 대한민국이 발전하는 길이다.

PART 5

거제 부활을
위한
가장 거제다운 비전

나는 무엇보다도
"잘사는 도시보다 살고 싶은 도시를 만들자" 는
김호일 총장의 철학에 깊이 공감하거니와
그것은 오랜 나의 지론이기도 하다.
그러니까 이는 개발만능주의, 성장만능주의를
맹신하여 추종할 게 아니라
그곳에 사는 사람을 중심으로,
다시 말해 대상화된 사람을 주체로 세워
판단하고 결론을 내어 판을 벌이자는 말이다.

부활의 조건, 축적의 시간

●

●

한 나라를 이끌어가는 대통령이나 총리도 그렇겠지만 한 지자체의 행정을 책임지는 단체장도 그 첫 번째 임무는 구성원의 먹을거리를 마련하고 그것이 골고루 분배되어 배곯는 사람이 없도록 하는 일일 것이다.

그러나 먹을거리를 마련하는 일은 그리 만만한 일이 아니다. 한 국가는 물론 지자체, 심지어는 작은 마을까지도 날로 치열해지는 글로벌 경쟁에 노출되어 있어서 자칫 방심하다가는 초호황을 누리던 산업, 잘 나가던 기업, 잘 살던 마을도 하루아침에 나락으로 떨어질 수 있는 것이 오늘날 살벌한 글로벌 비즈니스 환경이다.

그러나 이런 살벌한 생존 환경이 꼭 부정적인 것만은 아니다. 그만큼 역동이어서 새로운 기회도 많다는 뜻이기 때문이다. 우리는 위기의 시대를 살고 있지만 그만큼 또 기회의 시대를 살고 있기도 하다. 우리가 어떻게 받아들이고 대응하느냐에 따라 '말뫼의 눈물' 과 같은 위기도 '말뫼의 터닝' 과 같은 기회가 될 수도 있다는 얘기다.

나는 어떤 방향, 어떤 길이 거제도의 부활로 가는 길일까, 고민하는 중에 읽은 《축적의 시간 : 서울공대 26명의 석학이 던지는 한국 산업의 미래를 위한 제언》(이정동 외, 지식노마드, 2015)에서 "창조적 축적의 시대를 열어야 한다"는 제안에 깊이 공감했다. 그 제안의 전제로 우리 산업이 처한 위기의 원인을 들었다. 전문가마다 분야별로는 위기의 원인 진단에 다소 차이를 보였지만 분야에 상관없이 한 목소리로 강력하게 주장한 것은 새로운 개념을 제시할 수 있는 역량, 이른바 '개념설계' 역량이 크게 떨어진다는 것이었다. 고부가가치, 즉 블루오션 영역에서도 최상층에 속하는 개념설계 역량은 "산업의 패러다임을 설정할 수 있는 게임 체인저로 발돋움하는 데 없어서는 안 되는 역량" 이라는 것이다. 게임 체인저game changer란 어떤 일이나 상황의 판도를 송두리째 바꿔놓을 만큼 결정적인 역할을 하는 사건이나 인물, 제품이나 서비스 등을 일컫는다. 가령, 애플의 아이폰은 휴대폰 시장의 강력한 게임 체인저였다.

그러나 개념설계 역량은 관련 독서만으로는 키울 수 없는, 반드시 경험을 통해 축적된 지식과 노하우가 뒷받침되어야 한다는 데 문제의 핵심이 있다고 지적하면서 "창조적 축적의 시간"이 필요하다고 한 것이다.

바로 이런 시간이 우리에게 가장 부족한 부분으로, 이런 축적된 경험지식, 즉 창조적 역량이야말로 산업 선진국들이 지닌 기술경쟁력의 결정체라고 한다.

창조적 개념설계 역량은 제품이나 비즈니스 모델을 개발하는 과정에서 당면하는 문제의 속성 자체를 새롭게 정의하고 창의적으로 해법을 제시하는 역량을 말한다는 것이다.

사실 지금까지 한국 산업의 발전 모델은 선진국이 제시한 개념설계를 기초로 빠르게 모방하여 개량하면서 생산하는 전략에 의지해왔다. 오랜 축적의 시간이 걸리는 개념설계 역량의 확보 과정을 생략함으로써 우리 경제가 빠르게 성장할 수 있었지만, 이제는 그와 같은 성장 모델이 한계에 도달했다는 것이다.

오래전부터 창의적 개념설계 역량이 부족하다는 지적은 많았지만, 개념설계 역량을 어떻게 구축할 것인지에 대한 논의는 상대적으로 소홀했다. 석학들은 공통적으로 창조적 개념설계의 역량이 반짝이는 아이디어가 아니라, 반드시 오랜 기간 지속적으로 시행착오를 '축적' 해야 얻어지는 것이라는 점을 강조한다. 새롭게 접하는 문제에 대해 새로운 개념을 해법으

• 거제의 부활

로 제시해보고, 실패하고 또다시 시도하는 시행착오와 실패 경험을 축적하지 않고는 개념설계 역량을 결코 손에 넣을 수 없다.

즉, 개념설계 역량이 부족하다는 것은 겉으로 드러난 증상이고, 그 원인은 사실 다양한 실패의 경험을 축적해오지 못한 데 있다는 뜻이다. 이 과정에서 시행착오가 필수적일 수밖에 없는 이유는, 창의적 개념설계에 필요한 지식은 교과서나 논문, 특허 등에 명시적으로 표현되지 않기 때문에 직접 해보지 않고서는 도저히 얻을 수 없는 지식의 영역이기 때문이다.

이어서 "공간적 이점으로 개념설계 역량을 축적하는" 중국의 전략을 소개하면서 "선진국의 개념설계를 받아와 생산해온 우리가 앞으로는 중국으로부터 개념설계를 받아와서 생산해서 중국에 납품해야 하는 상황을 맞을 수도 있다"고 경고한다.

선진국들은 오랜 산업의 역사를 통해 고급 경험지식을 축적해 왔다. 우리가 눈여겨봐야 할 것은 시간의 한계를 공간의 이점으로 극복하며 개념설계 역량을 빠르게 축적하고 있는 중국의 전략이다. 비유하자면 산업선진국들이 100년에 걸쳐 경험하게 될 개념설계의 사례들을 중국은 10년 만에 10배 많은 수의 사례를 접하는 것으로 대신할 수 있다. 이러한 경험의 축적을 지원하기 위해 중국은 선택과 집중의 원리에 입각해 특정 기관이나 기업에 경험을 집중시켜 축적하는 전략을 쓰기도 한다. 최근 중국이 해양플랜트, 자동차산업, 가전, 휴대폰 등 거의 전 산업 영역에서 전 세계에서 최초의 모델을 제시하는 경우가 많아지고 있는데, 벌써 축적의 시간적 한계를 공간의 힘으로 극복하는 전략의 결실이 나오기 시작한 것이다.

그렇다면 우리는 어떻게 그 지난한 "축적의 시간"을 단축하고 이 위기를 기회로 삼을 수 있을지, 성찰하면서 "우리에게는 선진국처럼 100년 이상을 기다리면서 찬찬히 경험을 축적해나갈 시간적 여유가 없다. 그렇다고 중국과 같은 거대한 내수시장도 없다. 그렇다면 우리에게 시간도 아니고, 공간도 아닌 제3의 길이 있을까?" 하고 묻는다.

이 질문 끝에 모아진 대답은 "산업 차원의 축적 노력으로는 선진국과 중국의 축적된 경험을 이길 수 없기 때문에, 산업을 넘어 우리 사회 전체의 틀을 바꾸어 국가적인 차원에서 총력으로 축적해가는 체제를 갖추어야 한다는 것"이다. 다시 말해 "우리 사회 전반의 인센티브 체계, 문화를 바꾸어 기업뿐만 아니라 우리 사회의 모든 주체가 축적을 지향하도록 변화해나가야 한다는 것"이다.

이처럼 '축적'을 산업에만 한정지어서는 사실상 우리에게 뾰족한 답이 없으므로 그 범위를 산업 바깥, 즉 사회 전체로 넓혀 사유할 수 있어야만 비로소 선진국의 '시간'과 중국의 '규모'를 극복하고 우리만의 고유한 축적 양식을 만들어낼 수 있다는 것이다.

　　　　　　　　　　　　　・거제의 부활

그 첫걸음이자, 가장 중요한 과제는 무엇보다 우리 사회가 창조적 축적을 위한 열린 자세와 시간을 가져야 한다는 점이다. 새롭고 도전적인 개념을 자신 있게 이야기할 수 있는 환경을 제공하고, 실패를 용인하며, 경험지식을 축적하고자 노력하는 조직과 사람에게 더 많은 혜택이 돌아갈 수 있도록 사회적 인센티브 체계 전반을 개편해야 한다. 나아가 추격경제 시기에 우리 산업계와 정책 의사결정자들이 가지고 있었던 성공의 방정식, 즉 짧은 기간에 집중적으로 자원을 동원하고, 항상 정해진 목표를 조기에 초과 달성하던 습관에서 벗어나 지속적으로 투자하고, 시행착오의 과정과 결과를 꼼꼼히 쌓아가는 문화를 정착시켜야 한다.

그런 의미에서 '붉은 여왕 나라의 경쟁자들' 이야기는 생각하게 하는 바가 크다. 우리가 지금껏 해온 대로 선진국의 기존 모델을 답습해서는 계속 뒤처질 수밖에 없다는 것이다.

'붉은 여왕'은 시카고 대학의 진화학자 밴 베일른이 생태계의 쫓고 쫓기는 평형관계를 묘사하는 데 썼으며, 이런 진화론적 원리를 '붉은 여왕 효과(Red Queen Effect)'라고 불렀다. 한편, 붉은 여왕이라는 체스의 말은 루이스 캐럴의 소설 《이상한 나라의 앨리스》의 속편 《거울 나라의 앨리스》에서 나온다. 소설에서 붉은 여왕은 앨리스에게 "제자리에 있고 싶으면 죽어라 뛰어야 한다"고 말한다. 붉은 여왕의 나라에서는 어떤 물체가 움직일 때 주변 배경도 그에 따라 함께 움직이기 때문에 끊임 없이 달려야만 겨우 제자리를 지킬 수 있기 때문이다. 제자리를 지키기 위해 죽어라 뛰어야 하는 세계인 것이다.

우리나라는 붉은 여왕이 지배하는 이상한 나라의 앨리스다. 불행하게도 우리를 둘러싸고 있는 미국, 일본, 독일 등 산업선진국들과 거대한 중국은 이미 열심히 뛰고 있다. 그들도 우리와 마찬가지로 글로벌 경제 환경의 어려움을 포함해서 숱한 내외적인 난제를 안고 있지만, 우리보다 한 발 앞서서 나름의 방식으로 근본적인 장애요소를 분석하여 처방을 내놓고 있다. 그러니 우리가 기존 모델을 가지고는 이제까지 했던 것처럼 아무리 열심히 해도 뒤처질 수밖에 없다. 주변이 이미 더 빠르게 뛰어가기 때문이다.

사실 경제를 바꾸려면 먼저 정치를 바꿔야 한다. 정치를 바꾸지 않고서는, 기존의 경제 시스템이 아무리 시대에 뒤떨어지거나 불합리하더라도 (어떻게 바꿔야 하는지 훤히 답이 나와 있는데도) 도무지 바꿀 수가 없다. 뭐든 내버려두면 강자의 논리에 따라 흐르게 마련이다. 특히 경제에서는 강자의 논리란 독점의 욕망이 끝도 없어서 경제생태계 기반이 파괴되는 방향으로 질주한다. 제어되지 않은 그 탐욕의 끝은 기존 질서의 부정, 즉 혁명이었다. 혁명에 의해 욕망은 극적으로 제

• 거제의 부활

어되어 다시 살아나 왔지만, 오늘날과 같은 초스피드 글로벌 경쟁 환경에서는 추스를 시간도 없어 한번 무너지면 결국 공멸하는 길이다. 그래서 경제에 정치가 적극 개입하여 공존과 공영의 시스템을 개발하고 개선시키고 유지하는 것이다. 물론 그 정치가 잘못되어 오히려 멀쩡한 경제를 망치는 경우도 많다. 그러나 그것은 정치의 일탈일 뿐, 정치의 속성이 그런 것은 아니다.

그러므로 지자체장의 정치적 역량이 지역경제에 미치는 영향은 생각보다 훨씬 크다. 그렇다면 그 정치적 소신이나 식견 그리고 경험이나 인맥 같은 자산은 매우 중요하다. 그런 면에서 중앙정치 20년을 치열하게 겪은 나는 지자체장으로서 지녀야 할 결정적인 자산을 갖게 된 셈이다.

그러나 지자체장이 아무리 풍부한 식견과 뛰어난 역량을 갖췄다 해도 정작 해당 주민들이 열렬히 호응하거나 꾸준히 참여하지 않으면 어떤 정책이든 결국 성공할 수 없게 된다. 지방자치제에 따른 지방 분권의 실현은 직접 민주주의 요소의 강화로 대의민주주의의 결함을 보완하는 측면도 있다. 무엇보다도 각 지역의 다양성을 살리는 측면에서는 지역 공동체와 주민의 적극적인 정치 참여가 필요하다. 그러나 한편으로 신속하고 과감한 결단이 필요한 사안을 두고는 지자체장의 역할이 아주 중요하다. 나는 촛불의 염원으로 태어난 정부여당 소속으로, 그 안에서 20년 이상 넓고도 깊게 소통해오고 있으므로 거제시장이 되면 누구보다 시정에 긍정적인 영향을 미칠 수 있다.

사실 어느 지역사회가 혁신적으로 바뀌려면 시민사회와 지역주민의 적극적인 참여 없이는 불가능하다. 예를 들어, 대표적인 공해도시였던 울산이 대표적인 생태도시로 거듭난 것도 시가 공무원, 기업, 시민사회, 지역주민을 하나로 묶어내 장기간에 걸친 지속가능한 프로그램을 실행한 덕분이다. 우리 거제시민도 그런 역량은 충분히 지니고 있으므로, 시가 구슬을 꿰듯 잘 엮어내기만 하면 다양한 분야에서 의미 있는 변화를 이끌어낼 수 있을 것이다.

'잘사는 거제' 보다 '살고 싶은 거제' 를 위해

●

●

 나는 앞에서 체육을 통한 교육의 중요성, 그러니까 교육에서 체육의 역할에 대해 말하면서 거제도의 미래는 상당부분 '문화' 의 융성 여부에 달려 있다고도 했다. 사실 문화는 눈에 보이거나 귀에 들리는 것만이 다가 아니다. 가령, 내가 부산 사람인데 거제도의 해금강이 절경이어서 보러 간다면 그것은 그저 아름다운 경치를 보러 가는 관광觀光이다. 그러나 절경이어서 보러 가고 싶은 해금강이지만 거기까지 가는 길이 전에 갔던 경험상 왠지 내키지 않아 그만둔다면 그것은 거제도가 빚은 어떤 부정적인 문화의 힘이 작용한 것이다. 아니면 어떤 부산사람이 자갈치 시장에서 술잔을 기울이다가 비가 내리자 문득 거제도 외포항의 풍경과 인심이 그리워져 거제도행 버스를 탄다면 그것도 거제도가 자아낸 문화의 힘이다. 그러니까 문화는 마음의 작용이기도 하다는 것이다.

 나는 존경하는 선배이자 지음知音인 김호일 청주시문화산

엄진흥재단 사무총장이 "못다 한 거제 이야기"를 쓴 《문화의 바다여, 파도처럼 일어나라》(인카네이션, 2014)의 머리말에서 그런 문화에 대한 간절한 마음을 읽는다. 경북 경주에서 태어나 서울에서 학교(중앙대 건축미술학)를 다녔지만 거제문화예술회관 관장을 연임하면서 아예 거제사람이 된 그는 청주로 떠나면서 거제사람들에게 이런 글을 남겨 심금을 울렸다.

거제 시민들은 거제에 살면서 진정 며칠이나 거제를 생각하고 사는가? 거제가 그리도 궁금하지 않은가? 왜 아름다운 동백섬 지심도와 외도의 관광객이 100만을 넘어서는지, 사철 바람이 심하다 해서 붙여진 '바람의 언덕'에서 풍차를 배경으로 사진을 찍어본 적은 언제인지···. 봄을 가장 먼저 맞이한다는 작은 마을 '구조라'의 벚꽃 한 그루는 또 어찌 생겼는지, 황혼녘 짙은 노을이 드리워지는 여차와 홍포의 밤하늘은 매일같이 어떤 이야기들로 수놓이고 있는지, 밤이 깊을수록 별은 더욱 빛난다는데 거제의 밤하늘의 밀도와 별의 밝기는 어느 정도인지···.
우리나라에서 가장 아름다운 바다는 과연 어떤 빛일까 하고 한번쯤 짐작이라도 하며 사는지, 누구나 한번쯤 거제에 다녀가면 심한 가슴앓이를 하게 만들어버릴 거제의 감성은 무엇일지, 이제 거제는 사방에서 쉽게 다가올 수 있는 곳이지만 섬이라는 독특성이 뭍사람들에게 어떤 특별한 영감을 주는지, 한국의 섬 중에서 가장 기억에 남은 섬이 되기 위해 거제사람들은 어찌해야 할런지···.
거제의 바다는 바람과 햇살이 어쩌면 그리도 유난히 맑고 강한지, 봄에는 도다리쑥국이나 산나물 들나물 향은 어찌 그리도 짙고, 유자와 자몽과 포도 같은 과일은 어찌 그리도 달콤하며, 참외와 오이와 양파는 어쩌면 그리도 아삭아삭한지….

섬에 들지 못한 사람은 왜 섬에 들려 하고 섬에 있는 사람은 왜 뭍을 그리워하는지, 시인들과 화가들은 왜 섬을 찾으며 현대인들은 왜 고독을 느끼며 그것에서 벗어나 새로운 세계로 가려 하는지….

거제는 왜 에메랄드 바닷빛을 품으며 햇살이 화살처럼 내리꽂히는지, 거제는 왜 조선도시가 되어 평생 도시에서 태어나 도시에서 살아온 이들에게 무엇을 보여주고 있는지, 왜 거제문화예술회관은 장승포에 있으며 그곳에서는 지금 무슨 공연을 하고 무엇을 전시하고 있는지….

나는 누구와 동행이 아니라도 언제 혼자 그곳을 찾아가 보았는지, 거제의 공무원들은 진정 거제를 사랑하는 행정을 펴는지, 거제의 시민단체들은 무엇으로 거제를 살릴 궁리를 하는지, 거제의 지역 언론들은 거제를 어떤 삶터로 만들고 있는지, 우리 한번쯤 생각하고 살아가면 얼마나 좋을까.

물론 김 총장은 거제시와 거제시민을 위해 책을 냈지만 마치 문상모를 위해 낸 책이다 싶을 만큼 나는 거기서 시정을 위한 많은 정보와 영감을 얻었다. '지역인문학'의 개념을 제시한 그는 거제의 '인문도시'로서의 가능성을 타진하고, 정말 인문도시가 되려면 많은 면에서 발상의 전환이 필요하다는 것을 제안한다.

관광 자원이나 문화 자산을 일구는 과정에서 흔히 벤치마킹을 하는데, 그 "벤치마킹은 답이 아니라 함정이기도 하다" 는 김 총장의 통찰은 전문가적 경험에서 우러나온 것이다.

일반인뿐만 아니라 관광이나 건축을 공부하는 사람들 가운데도 외국의 잘된 사례를 극찬하면서 우리 것에 대해서는 자조하는 이가 적지 않다. 그러나 이런 사람들일수록 우리 땅의 자연과 문화 그리고 사람에 대해서는 거의 백치에 가깝다. 관광 자원 개발과 문화 자원 계발이 지지부진한 까닭이 바로 여기에 있을 것이다.

그러면서 "우리 것에 대한 깊은 이해와 고민 없이 외국 것의 겉모습만 좇아 행해온 국적불명의 우스꽝스런 개발 사업" 을 꼬집는다. 개성 있는 매력이 관광 콘셉트의 핵심이라면 그것은 우리 주변의 자연과 문화에 대한 올바른 이해에서부터 나온다는 것, 즉 우리 발밑부터 살펴야 한다는 것이다. 어디엔가 있는 것을 덮어놓고 벤치마킹한다면 복제품밖에 더 만들겠는가 하는 지적이다. 가령, 가까운 제주도에서는 태국의 '코끼리 쇼' 를 따라하는데, 이것이 그 순간의 재미는 줄지 몰라도 다시 찾고 싶은 감동은 주지 못한다는 것이다.

미국의 유니버셜스튜디오나 디즈니랜드처럼 이미 수십 년간 고객의 사랑을 받아온 메이저 테마파크를 유치하기 위해 노력하고 있는 우리나라에

• 거제의 부활

서는 다시 한 번 곰곰 되새겨봐야 할 키워드가 있다. 그것은 대규모 테마파크의 생명이라 할 수 있는 테마와 콘셉트 설정 그리고 구성에서 트렌드가 급속히 바뀌고 있다는 점이다. 더 이상 먼 나라의 미키마우스나 해리포터, 스타워즈 같은 캐릭터 사업이 아니라 자기 나라, 자기 마을의 역사와 문화에 뿌리를 둔 아이템으로 눈길이 쏠리고 있다는 것이다.

그는 한편으로 다시 찾고 싶은 감동을 주는 '발밑의 사례'를 든다. 농촌 체험 상품을 개발하여 활기를 되찾은 강원도 화천의 오지마을 이야기다.

이곳에서는 매년 젊은 연인과 신혼부부 마흔 쌍이 농촌체험을 하는 이색체험행사가 열린다. 젊은 도시민들이 오지마을에서 할 수 있는 일이 무엇이 있겠는가? 주민들은 머리를 맞대고 지역 중심의 인문학적 아이디어를 찾아냈다. 커플들은 소코뚜레를 함께 만들며 서로에 대한 사랑을 확인하고 추수가 끝난 논에서 닭과 오리를 잡으며 이 마을 특산물인 '오리 쌀'을 자연스럽게 소개받는다. 그러면서 아들, 딸 낳고 알콩달콩 살기를 기원하며 숯과 고추를 엮는 금줄 꼬기와 콩서리를 체험해본다. 거창하고 화려한 일정은 아니었지만 모두가 찾아오길 잘했다고, 즐겁고 행복한 하루를 보냈다고 입을 모아 칭찬했다. 주민들이 마을이나 그 주변에 널려 있는 평범한 소재에 아이디어를 덧붙여 도시 젊은이들의 감성을 사로잡은 것이다.

이런 지극히 평범한 소재로 아주 특별한 감동을 자아내는 우리 곁의 사례를 들면서, "흔히 예산이 없어 일을 못한다고 볼멘소리를 하는데 예산이 없는 것이 아니라 아이디어와 안목이 없고 유치하지만 뭔가 해보려는 열정이 없다고 인정하는 것이 솔직할 거 같다"는 일침을 가한다. 그러면서 "어디서 참신한 관광기념품이 선을 보여 인기를 끌면 일주일이 안 되어 전국에 복제품이 넘쳐나는 것은, 자기만의 아이디어를 찾아내기보다 남의 노력에 손쉽게 편승하려는 풍조가 만해 있기 때문"이며, "앞선 경험을 참고하는 것은 좋지만 벤치마킹만해서는 앞서갈 수 없다"고 이른다.

나는 무엇보다도 "잘사는 도시보다 살고 싶은 도시를 만들자"는 김 총장의 철학에 깊이 공감하거니와 그것은 오랜 나의 지론이기도 하다. 그러니까 이는 개발만능주의, 성장만능주의를 맹신하여 추종할 게 아니라 그곳에 사는 사람을 중심으로, 다시 말해 대상화된 사람을 주체로 세워 판단하고 결론을 내어 판을 벌이자는 말이다.

길은 끝나는 곳에서 다시 시작됩니다

마침내 긴 여정이 끝났습니다. 한 편의 글은 짧지만 한 권의 책은 긴 여정일 수밖에 없습니다. 더구나 이 한 권에는 제 살아온 50년 세월이 담겨 있고, 그 긴 여정의 시작과 끝이 갈무리되어 있습니다.

저는 한 여정을 끝내고 새로운 여정을 결심하면서, 그 새로운 여정의 여장을 풀게 될 고향 거제에 대해 다시 공부를 했습니다. 그러면서 25년을 살았던 고향인데도 거제가 그토록 아름다운 섬인 줄, 거제가 그토록 가슴 아픈 역사를 안고 있는 줄, 거제의 현실이 그토록 황폐한 줄 새삼 느끼고 새기게 되었습니다. 그 공부도 이 책에 다시 담으며 제가 고향을 위해 뭘 할 수 있을지를 가다듬었습니다.

거제의 부활을 외치며 밤낮없이 몇 개월을 보냈습니다. 조선 경기 침체에 따른 서민노동자 들의 눈물, 주택시장 붕괴, 자영업 도산, 자살, 이혼 등으로 이어지는 불행의 도미노 현상을 어떻게 잡을 것인가?

이제 그 해답을 제시할 때가 되었습니다. 바야흐로 새로운 여정이 시작됩니다.

길은 끝나는 곳에서 다시 시작되는 것이니, 길의 어디가 끝이고 시작인지는 알 수 없지만 저의 한 길이 끝나고 그 끝나는 곳에서 다시 새로운 길이 시작되는 것만은 틀림없습니다.

이 책이 출간되고 그 새로운 길이 열리기까지 함께해주신 분들, 그리고 그 새로운 길에 기꺼이 동행해주실 분들에게 고마운 말씀을 드립니다.

특히 노동자들의 처지를 대변해주신 조선사 협력업체 대표님, 거제 주택시장의 현실을 말씀해주신 우영공인중개사 대표님, 조선경기 불황으로 협력업체를 퇴출당한 친구, 장사가 시원치 않아 힘겨워하는 사장님들, 일자리가 없다고 하소연하는 아주머님들, 아이들의 미래를 위해 걱정하는 학부모님들, 도덕성을 상실한 정치인과 공무원을 비판하는 시민들, 밤낮없이 일해도 가족을 부양하기 어렵다는 하소연을 들려주신 모든 분들께 진심으로 감사드립니다.

2018년 2월 문상모

거제의 부활

초판 1쇄 인쇄 2018년 2월 15일
1쇄 발행 2018년 2월 22일

지은이 문상모
발행인 이용길
발행처 **모아북스**
　　　　　MOABOOKS

관리 양성인
디자인 이룸

출판등록번호 제 10-1857호
등록일자 1999. 11. 15
등록된 곳 경기도 고양시 일산동구 호수로(백석동) 358-25 동문타워 2차 519호
대표 전화 0505-627-9784
팩스 031-902-5236
홈페이지 www.moabooks.com
이메일 moabooks@hanmail.net
ISBN 979-11-5849-062-1　　03340

모아북스 는 독자 여러분의 다양한 원고를 기다리고 있습니다.
(보내실 곳 : moabooks@hanmail.net)